U0633286

[奥地利]
西格蒙德·弗洛伊德 / 著

林宏涛 / 译

文明及其不满

ZHEJIANG UNIVERSITY PRESS
浙江大学出版社

·杭州·

图书在版编目（CIP）数据

文明及其不满 /（奥）西格蒙德·弗洛伊德著；林
宏涛译. -- 杭州：浙江大学出版社，2024.9（2024.12重印）

ISBN 978-7-308-22993-7

Ⅰ.①文⋯ Ⅱ.①西⋯ ②林⋯ Ⅲ.①社会哲学—研
究 Ⅳ.①B0

中国国家版本馆CIP数据核字（2024）第092726号

文明及其不满

[奥地利] 西格蒙德·弗洛伊德 著 林宏涛 译

责任编辑	罗人智
责任校对	汪 潇
装帧设计	红杉林文化
出版发行	浙江大学出版社
	（杭州市天目山路148号 邮政编码310007）
	（网址：http://www.zjupress.com）
排 版	西风文化工作室
印 刷	北京文昌阁彩色印刷有限责任公司
开 本	880mm×1230mm 1/32
印 张	7.875
字 数	138千
版 印 次	2024年9月第1版 2024年12月第2次印刷
书 号	ISBN 978-7-308-22993-7
定 价	60.00元

Contents

目 录

一个幻觉的未来

Die Zukunft einer Illusion

第 一 章

　　当一个人在某个特定的文明生活了很长一段时间后，他经常试图寻找它的起源是什么、是沿着什么路径发展的，有时他也忍不住看向另一个方向，想知道文明如果转换方向，会经历什么样的命运。但人们很快就会发现，这种探究的价值从一开始就被几个因素削弱了。最重要的因素是，只有少数人能全面探究人类活动，大多数人不得不把自己限制在一个或几个文明领域里。但是，一个人对过去和现在了解得越少，他对未来的判断就会越不可靠。更困难的因素是，在做这种判断时，个人的主观期望发挥了难以评估的作用；

这些主观期望完全依赖于他自己经验中的个人因素，依赖于他对生活的态度有多么乐观，而这种态度又取决于他的气质类型或者他经历的成功或失败。最后，这个奇怪的事实让人发现，一般来说，人们天真地体验他们的现实，却无法估量其内容；他们得先让自己与现实保持相当的距离——也就是说，现在必须成为过去——然后才能拥有判断未来的优势。

因此，任何受不了诱惑、想要对我们文明可能的未来发表意见的人，都应该提醒自己想想我刚才指出的困难，以及任何预言都普遍存在的不确定性。就我而言，由此推论，我将在这个艰巨的任务面前知难而退，迅速将我的注意力回到自己狭小的研究领域，并确定我的研究在全局中的位置。

我说的人类文明，指的是在所有层面上，人类的生活都超越了动物的地位，不同于野兽的生活——我鄙视区分文化（Kultur）和文明（Zivilisation）的做法。我们知道，文明向观察者呈现了两个方面：其一，它包括人们所有的知识和能力，以实现控制自然的力量，并利用自然财富来满足人类的需求；其二，它包括所有必要的规制，以调节人们之间的关系，尤其是分配可用的财富。文明的这两种趋势并不是相互独立的：首先，人与人之间的相互关系受到现有财富能满足多少本能需求的深刻影响；其次，一个人可以用自己的工作能力，和作为性行为的对象，而为另一个人创造财富；

古埃及壁画，展现了人们合作劳动的场景

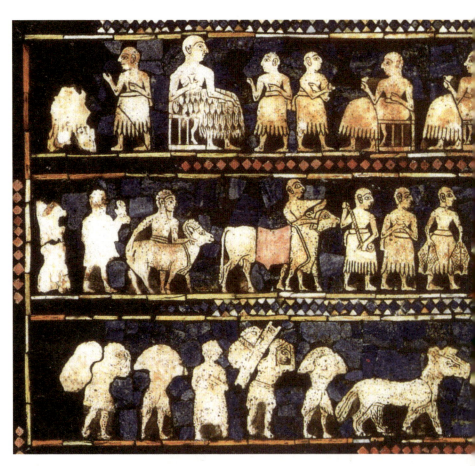

古巴比伦壁画，展现了和平时期的生活场景

再次，尽管文明被认为是符合所有人利益的，但每个人实际上都是文明的敌人。值得注意的是，文明为了让人们共同生活成为可能，期望人们做出牺牲，但是，尽管人们很少能够孤立地生存，文明所期望的牺牲却被视为一种沉重的负担。因此，文明必须抵御个人，它的规制、风俗、命令都是针对这项任务而设的，其目标不仅是实现财富的特定分配，而且要维持这种财富分配；事实上，为了对抗人们的敌意，文明必须保护每一件有助于征服自然和创造财富的事物。人类的创造物很容易被摧毁，创造了它们的科学技术也可以用来消灭它们。

因此，人们会得到这样一种印象，即文明是由理解如何获得权力和胁迫手段的少数人强加给反抗的多数人的。当然，人们很自然地认为，这些困难并不是文明本身所固有的，而是由迄今为止已经发展起来的文明形式的缺陷所导致的。事实上，指出这些文明的缺陷并不困难。虽然人类对自然的控制力不断进步，未来对自然的控制力会更强大，但我们无法确定在管理人类事务方面也取得了类似的进步；可能在任何时期——就像现在一样——许多人会问自己，文明获得的这一点点东西是否确实值得捍卫。人们会认为，重整人际关系的秩序是可能的，只要不再克制和压抑本能，就能消除对文明不满的根源。这样，人们就可以不受内部矛盾的干扰，致力于获取财富和享受财富。那将是一个黄金时代，但这种状况能否实现仍值得怀疑。相反，似乎每一个文明都必须建立在克制和扬弃本能的基础上；人们甚至无法确定，如果停止了对本能的克制，大多数人是否准备好了采取必要的行动去获得新财富。我认为，我们要考虑这样一个事实：所有人都是存在破坏性的，因此反社会和反文明的倾向存在于许多人身上，这些强大的力量足以决定他们在人类社会中的行为。这一心理事实对我们判断人类文明具有决定性的意义。

首先，我们可能会认为文明的本质在于为了获取财富而控制自然，威胁文明的因素可以通过在人类中适当地分配财富来消除，于是重点似乎已经从物质转移到了精神上。决定性的问题是，强加给人的本能牺牲的负担，是否以及在多大程度上有可能减轻；如何使人与那些必须保留的本能和解，并为之提供补偿。少数人对大众（Masse）的控制是不可能免除的，就像文明的工作中不能摆脱强制一样。因为大众是懒惰和愚钝的，他们不喜欢克制本能，他们也不能被关于其必然性的论证所说服；而组成大众的独立个体，会互相支持给予各自自由、不遵守纪律。只有通过树立榜样，通过大众承认其为领袖的个人施加影响，他们才能被引导从事这项工作，文明存在所依赖的本能克制才能实施。如果这些领导者

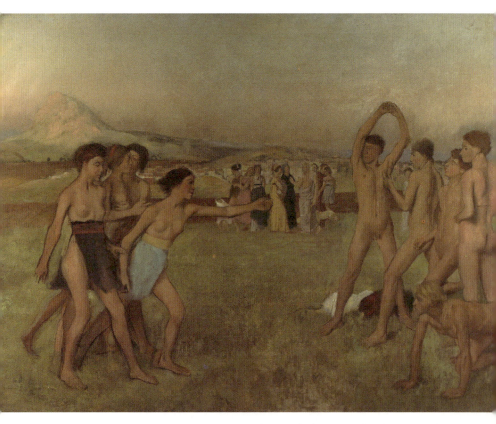

古希腊时代的斯巴达人会把弱小的婴儿丢弃，所有孩子从小就要接受军事化训练
《年轻的斯巴达人在训练》，埃德加·德加／绘

对生活的必需品有更好的洞察力，并且达到了掌控自己的本能愿望的高度，那一切就好办了。但是，有一种危险是，为了不失去他们的影响力，领导者可能会服从大众，而不是相反，因此，他们似乎有必要独立于大众。简单地说，人类存在两个广泛的特征：人们不是自发地喜欢工作；而靠讲道理无法激发他们的工作热情。这就导致了下述事实：文明的规制只能通过一定程度的强制来维持。

我知道人们将会对这些判断提出反对意见。人们可以说，这里所描述的大众的特点，能够证明文明中的强制是不能避免的，但这只是文明缺陷的结果，而人们也因此变得愤怒、怨恨和难以接近。那些在友善环境中长大，并被教导理性的高度重要性的新一代，那些从小就经历过文明的好处的新一代，将会对它持有不同的态度。他们会觉得文明是自己的财富，并准备为它做出牺牲，为了存续文明可以去工作和克制本能的满足。他们将能够在不被强制的情况下做到这一点，与领导者没有太大不同。到目前为止，人类文明之所以尚未产生这样高质量的大众，是因为还没有一种文明能制定法规，以这种方式（尤其是从童年就开始）影响人们。

人们会怀疑：在我们现在这种控制自然的阶段，是否有可能，或者目前是否有可能建立这种文明的规制。人们可能会问，未来的更高质量的大众、坚定不移和无私的领导人，究竟是被谁、被如何教育出来的？可能需要惊人数量的强制手段，才能让这些意图付诸实施，这会让人觉得可怖。这个计划的宏伟程度及其对人类文明的未来的重要性是无可争议的。它基于下述确凿的心理学发现：人类具有最多样化的本能倾向，其最终的发展过程是由儿童早期的经历决定的。但同样的原因——人类受教育能力的局限性，限制了其在文明中实现这种转变的有效性。人们可能会质疑，不同的文明环境是否有可能以及能在多大程度上消除大众的两个特征，而这正是引导人类事务的难点。这种实验还没有进行。也许一定比例的人类（由于病态的性格或本能力量的过剩）总是反社会的；但是，仅把现在对文明抱有敌意的人从多数变为少数，就是一大进步了——甚至能够改变一切。

我不想给人这样的印象，即我已经偏离了自己研究的路线。因此，我在此明确保证，我一点也不想对于那个横亘欧洲和亚洲的广阔国家正在进行的伟大文明实验做评判。我既没有专业的知识，也没有能力来确定这场实验的可行性、测试其采用方法的可靠程度、衡量其意图和执行之间不可避免的差距。这场文明实验还在准备阶段，尚未完成，而我们在此考察的是长期稳固的文明，因此我并未对其进行研究，也未把它纳入素材。

第 二 章

　　我们已经不知不觉地从经济领域进入了心理学领域。起初，我们试图在可用的财富和其分配规则中寻找文明的财富。但随后我们认识到每一种文明都依赖于强制工作和本能克制的基础，因此人们不可避免地会反对这些要求。很明显，文明不能主要或完全建构在财富本身、获取财富的手段和财富分配的安排上，因为文明参与者的反抗和破坏性的狂热会威胁到它们。除财富之外，我们现在还找到了保护文明的手段——强制措施和其他旨在使人们和解并补偿其牺牲的措施。这些措施可以被描述为文明的精神财富。

为了统一术语的表述，我们将本能不能被满足的情况描述为"挫折"（Versagung），控制这种挫折的行为称为"禁令"（Verbot），而产生禁令的条件则称为"匮乏"（Entbehrung）。第一步是区分影响每个人的挫折和不影响每个人但影响群体、阶级甚至单一个人的挫折。最早出现的挫折是前者，随即导致挫折的禁令，文明就出现了——谁知道是几千年前发生的呢？——人类由此与原始动物状态相区隔。令我们惊讶的是，这些挫折仍然在运作，仍然是对文明的敌意的核心。遭受挫折的本能愿望随着每个孩子重新诞生；有一类人，即神经症患者，会用反社会行为来应对这些挫折。在这些本能的愿望中，有乱伦、同类相食和杀戮的欲望。把这些愿望和其他愿望放在一起，听起来很奇怪，因为每个人似乎都会众口一词地反对这些愿望。在文明社会中，这些愿望是被允许的还是受挫的，引发了许多争论，但从心理学上讲，把这些愿望放在一起却是合理的。文明对于这些最古老的本能愿望的态度，也是不统一的。同类相食似乎被普遍禁止，而按照非心理分析的观点来看，这种愿望已经被彻底克服了。乱伦愿望的力量仍然存在，即便它们已成为禁令；在某些条件下，杀戮仍然存在，甚至是由文明下令实施的。有可能在未来的文明中，今天完全允许的其他愿望，会像现在同类相食一样变得不可接受。

这些最早的本能扬弃已经涉及某种心理因素，这种因素对所有进一步的本能克制也很重要。人类的思想从远古开始就没有任何发展，与科学技术的进步相比，人类的思想在今天和历史初期相比并无不同。我们当然可以立刻指出一种精神上的进步，即强制逐渐从外部强制变成了内化强制，这个进程和人类的发展进程保持同步。这是因为，人的超我（Über-Ich）这种特殊的心理机构接管了强制，并把它纳入禁令之中。每一个儿童都能向我们展现这个转换过程，只有这样，儿童才能成为道德化和社会化的存在。这种超我的力量是心理学领域最宝贵的文明财富。那些完成了这种转换的人，从文明的反对者变成了文明的工具。他们在一个文明社会中的人数越多，其文明就越安全，它就越能避免外部的强制措施。现在，在各种本能的禁令之间，这种内化的程度有很大的不同。我提到过最早的文明的需求，如果我们不考虑神经症患者的话，强制的内化似乎已经是普遍现象。但是，当我们谈到其他本能的要求时，情况就改变了。此时，我们惊讶和关切地观察到，大多数人只有在外部强制的压力下才遵守文明的这些禁令——也就是说，只有强制能有效实施且让人感受到恐惧。对于所谓的文明的道德要求来说，这也是适用于每个人的。大多数关于人的道德不可信的经验，都属于这一范畴。无数文明人会规避谋杀或乱伦，但并不会拒绝满足自己的贪婪、攻击性欲望或性欲望。只要可以不受惩罚，他们会毫不犹豫地伤害他人，进行欺骗、欺诈和诽谤；毫无疑问，这一点在许多文明时代中从未改变。

如果我们转向那些只适用于某些社会阶层的限制条件，我们就会见到一种公然作恶却一直被承认的状态。可以预料，这些弱势阶层会羡慕特权者的特权，并将尽其所能将自己从过度贫困中解救出来。如果这不可能，一种永久的不满就会在这个文明内部持续存在，并可能导致危险的反抗。然而，如果一个文明没有超过某种限度，而其中一些文明参与者的需求满足要依赖于另一些人或对大部分人的压迫——目前所有文明都是如此——那么我们就能理解被压迫者会对这种文明产生强烈的敌意，尽管文明依赖于他们的劳作，但他们能分享到的财富份额太小。在这种情况下，被压迫者不想将文明的禁令内化。相反，他们不准备承认这些禁令，而是意图破坏文明本身，甚至可能废除文明的根基。这些阶层对文明的敌意是如此明显，以至于它导致了各个社会阶层之间更潜在的敌意，这一点不容忽视。不用说，一个让大量参与者不满意并驱使他们反抗的文明，既不值得也不会有长存的希望。

一个文明的禁令被内化的程度——使用非心理学的流行表达方式就是：文明参与者的道德水平——并不是评估一个

文明的价值时需要考虑的唯一精神财富。此外，文明的财富还包括文明的理想塑造和艺术创作——也就是指，可以从中获得满足感的财富。

人们很容易倾向于在文明的精神资产中纳入它的理想——即文明把什么视为最高成就和最值得追求的东西。乍一看，这些理想似乎决定了文明的成就；但在实际的发展过程中，理想的基础是文明最初的成就，而其最初的成就取决于文明的内部财富和外部环境。因此，理想提供给文明参与者的满足是自恋性质的满足，其基础是他们对已经取得的成就的骄傲。为了使这种满足得以完全实现，就需要对追求不同成就和发展出不同理想的文化进行比较。由于这些差异，每一种文明都声称有权蔑视其他文明。于是，文明理想成为不同文明之间的不和与敌意的来源，这在不同民族国家的案例中比比皆是。

文明理想所提供的自恋性满足，也是成功对抗文明内部对文明的敌意的力量之一。这种满足不仅被享受文明利益的特权阶级分享，也可以分享给被压迫的阶级，因为鄙视外邦人的权利补偿了他们在自己文明内所遭受的不公。毫无疑问，一个可怜的罗马公民会被债务和兵役所困扰；但是，作为弥补，一个人如是罗马公民，那么罗马在统治其他国家和支配其法律方面的收益，就有自己的一份。然而，被压迫阶

公元前1世纪下半叶的古罗马壁画《阿尔多布兰迪尼婚礼》
描绘了当时婚礼的场景

庞贝古城的一幅壁画展示了当时布料工人工作的场景

级与统治阶级、剥削阶级之间的认同，只是更大整体的一部分。因为从另一个角度来说，受压迫阶级可以在情感上依恋他们的主人；尽管他们对主人有敌意，他们还是可以从主人身上看到自己的理想。除非这种精神满足的关系存在，否则就无法理解在人类大众的合理敌意下，许多文明为何还能存活这么长时间。

在一个文明社会中，艺术提供了另一种不同的满足，尽管整日劳苦的大众没有接受过任何个人教育，无法理解艺术。正如我们早就发现的，艺术为文明中最古老且至今仍然最深刻的克制提供了替代性的满足，因此，艺术能让一个人接受他为文明所做的牺牲。另一方面，艺术的创造让他的认同感升华了，每个文明都非常需要给人创造这种机会来分享那些非常重要的情感经验。当这些艺术品描绘了他所在文明的成就，并以令人印象深刻的方式铭记他的理想时，它们也让他得到了自恋的满足。

我们还未提及，在一个文明的精神财富中，什么可能是最重要的项目。从最广泛的意义上来说，这个项目是宗教思想（Religiösen Vorstellungen）——换句话说，是幻想（后文将证明这个说法是合理的）。

第 三 章

宗教思想的特殊价值体现在哪里？

我们说过，文明所施加的压迫、文明所要求的对本能的扬弃，导致了人们对文明的敌意。如果人们想象文明的禁令被解除了，如果男人可以把任何女人当作性对象，如果人们可以毫不犹豫地杀死自己的情敌或任何阻碍自己的人，如果人们也可以不经询问就拿走别人的任何物品——那将是多么美好，多么令人满意的生活啊！诚然，我们很快就会遇到第一个困难：其他人的愿望与我的愿望完全相同，他们对我的方式与我对他的方式完全一样。因此，在现实生活中，只有一个人可以通过取消文明的限制而获得无拘无束的幸福，而他将是一个暴君、一个独裁者、一个掌握了所有权力手段的人。即使是他，也完全有理由希望其他人至少遵守一条文明的禁令：不可杀人。

但是，竭力废除文明毕竟是多么忘恩负义、多么目光短浅啊！到那时，留存的将是自然状态，而那会更加令人难以承受。当然，大自然不会要求我们克制本能，它会让我们随心所欲；但它有特别有效的方法来限制我们。在我们看来，它冷酷、残忍、无情地摧毁了我们，而且可能是通过引起我们满足感的事物来摧毁我们的。正是因为大自然威胁着我们，我们才合力创造了文明。因为文明的主要任务，也就是它存在的真正理由，就是保护我们不受大自然的侵害。

我们都知道，在许多方面，文明已经很好地做到了这一点，而且随着时间的推移，文明显然会做得更好。但是，没有人会幻想大自然已经被征服；也没有人敢奢望大自然会完全服从于人类。有一些自然现象，似乎在嘲笑人类的一切控制：地球会通过地震、地裂埋葬人类；还有水，它的暴雨把一切都淹没；还有风暴，它能把一切都卷走；还有疾病，我们最近才认识到它们是其他生物的攻击；最后还有令人痛苦的死亡之谜，至今还没有找到任何药物来对付它，也许以后也不会有。大自然用这些威严、残酷和不可阻挡的力量向我们袭来；它让我们再次意识到我们的软弱和无助，而我们曾以为可以通过文明的努力摆脱这些软弱和无助。人类所能提供的为数不多的令人欣慰和崇高的印象之一，就是在大自然的灾难面前，人类忘记了自己文明中的不和谐之处，忘记了自己内部的所有困难和敌意，重新担负起了保护自己、抵御大自然强大力量这一伟大的共同任务。

对于个人以及对于整个人类而言，生活都是难以承受的。他所在的文明给他带来了一定程度的匮乏，而其他人也给他带来了一定程度的痛苦，这些痛苦有的是因为其文明的禁令，有的是因为文明的缺陷。除此之外，还有桀骜不驯的大自然——他称之为命运——对他造成的伤害。人们可能会认为，他所处的状况会使他长期处于焦虑的期待状态，并严重伤害他天生的自恋。我们已经知道，对于文明和其他人对他造成的伤害，个人会有何反应：他对文明的规制产生了相应程度的抵制和敌意。但是，他该如何抵御自然和命运的超强力量？

文明解除了他的这个任务，并以同样的方式替所有人履行这个任务；值得注意的是，在这一点上，几乎所有文明的行为都是一致的。文明并没有停止保护人类抵御自然的任务，它只是通过其他方式来完成这项任务。这项任务是多方面的：人类的自尊心受到严重威胁，需要得到安慰；人们必须摆脱生命和宇宙造成的恐怖；此外，人类的好奇心（诚然是出于最强烈的现实利益）需要得到解答。

随着自然的人性化，第一步已经取得了很大进展。我们无法接近非人的力量和命运，它们永远遥不可及。但是，如果各种元素也像我们自己的灵魂一样充满激情，如果死亡本身不是自发的，而是邪恶意志的暴力行为，如果自然界中处处都有我们在自己的社会中熟知的那种存在，那么我们就可以自由地呼吸，可以在不可思议的世界中感到自在，可以用心理学的方法来解决我们无意义的焦虑。也许，我们仍然没有自卫能力，但我们不再无助地瘫痪，我们至少可以做出反应。也许，我们甚至不是毫无防备。我们可以用我们在自己的社会中使用的方法来对付外面的这些暴力超人；我们可以试着恳求他们、安抚他们、贿赂他们，通过对他们施加影响，我们可以让他们的部分权力受挫。用心理学来取代自然科学，不仅能提供暂时的解脱，还能为进一步掌握局势指明方向。

这种情况并不新鲜，它有一个婴幼儿时期的原型，后来实际上只是它的延续。因为在此之前，人们曾经发现自己处于类似的无助状态：作为一个小孩子，面对自己的父母。我们有理由惧怕他们，尤其是父亲，但我们又确信他能保护我们免遭已知的危险。因此，我们很自然地就把这两种情况结合起来了。其中，愿望也发挥了作用，就像在梦境中一样。睡梦中的人可能会被一种死亡的预感抓住，这种预感可能会让他觉得即将进入坟墓。但是，梦境的运作知道如何选择一个条件，将可怕的事件变成愿望的实现：做梦者看到自己在"伊特拉斯坎古墓"（Alten Etruskergrab）❶中，他爬进了墓穴，高兴地发现自己的考古兴趣得到了满足。同样，人不只是把自然力量变成他可以与之交往的人，就像他可以与他的同类交往一样——那样就不能公正地反映这些力量对他产生的巨大影响——而是赋予它们父亲的角色。他把它们变成了神，在这一点上，正如我试图表明的那样，他不仅沿袭了一个幼年的原型，而且还沿袭了一个系统发育的原型。

随着时间的推移，人们首次观察到自然现象的规律性和符合规律的一面，自然力量也随之失去了人类的特征。但人类的无助依然存在，他对父亲和众神的渴望也依然存在。众神仍然肩负着三重任务：他们必须驱除自然界的恐怖，必须让人类接受命运的残酷（尤其是在死亡面前），还必须补偿人类文明生活强加给他们的苦难和匮乏。

但在这些功能中，"重音"会逐渐转移。人们注意到，

---

❶ 伊特拉斯坎文明是公元前900年至公元前150年在意大利半岛中部繁荣的一种文明。下述这段内容是弗洛伊德做过的一个真实梦境。——译者注

关于大洪水的绘画作品，作者未知

《阿什杜德的瘟疫》，尼古拉斯·普桑／绘

自然现象是根据内在的需要自动发生的。毫无疑问，众神是大自然的主宰；他们将大自然安排得井井有条，现在他们可以让大自然自生自灭了。只有偶尔在所谓的神迹中，他们才会干预自然的进程，似乎是为了表明他们并没有放弃自己原有的权力范围。关于命运的分配，一种令人不快的怀疑始终存在，那就是人类的困惑和无助是无法改变的。在这方面，众神最容易失败。如果说是他们自己创造了命运，那么他们的谋划必然被认为是不可捉摸的。古代最有才智的人们逐渐认识到，莫伊拉（Moira，命运）凌驾于众神之上，众神也有自己的命运。自然越是自主，诸神越是远离自然，人们就越是热切地期待诸神的第三种功能——道德成为支配性的东西。现在，诸神的任务是消除文明的缺陷和弊端，关注人类在共同生活中相互造成的痛苦，监督人类不完全遵守的文明禁令的执行情况。这些禁令本身被认为是神圣的；它们超越了人类社会，延伸到了自然和宇宙。

因此，人类为了使自己的无助变得可以忍受，从自己童年和人类童年的无助记忆中汲取素材，创造出了一系列思想。可以清楚地看到，拥有这些思想可以在两个方面保护人类——抵御自然和命运的危险，以及人类社会本身对人类的伤害。这就是问题的要点。人在这个世界上的生活有一个更高的目的；毫无疑问，要猜出这个目的是什么并不容易，但它肯定意味着人的本性的完善。这个目的可能是人的精神、人的灵魂，它在时间的长河中缓慢而不情愿地脱离肉体，它才是提升和升华的对象。在这个世界上发生的一切，都表达了高于我们的智慧的意图。尽管其方式和路径难以遵循，但最终它的一切命令都是最好的，是为了让我们享受其中。我们每个人的头上，都有一个仁慈的"神意"（Vorsehung）在注视着我们，它只是看似严厉，却不忍心让我们成为强大而冷酷的自然的玩物。死亡本身并不是消亡，不是回到无机的无生命状态，而是一种新的存在的开始，这种新的存在就位于向更高层次发展的道路上。从另一个角度看，这种观点认为，我们的文明所建立的道德法则也同样支配着整个宇宙，只不过这些法则是由一个权力更大、更一致的最高法院来维护的。最终，所有的善都会得到奖赏，所有的恶都会受到惩罚，如果这结果没有出现在现世的生活中，那就会出现在死后的存在中。这样，生命中所有的恐惧、苦难和艰辛都将被消除。死后的生命是地球上生命的延续，就像光谱的不可见部分与可见部分的连接一样，它带给我们的是在现世可能已经错过的完美。这些都是创造我们和整个世界的神灵的属性，或者说，在我们的文明中，古代所有的神灵都被浓缩为一个神灵。最先成功地将神的属性集中在一起的民族对这一进步不无自豪。它让人们看到了一直隐藏在每一个神像背后、作为其核心的父亲。从根本上说，这是上帝观念的历史的起点。既然上帝是人，那么人与他的关系就可以恢复到孩子与父亲关系的亲密和紧密。但是，如果一个人为父亲做了那么多，他就希望得到回报，或者至少成为他唯一的爱子、他的选民。很久以后，虔诚的美国人声称自己是"上帝的国度"。就人们崇拜神灵的一种形式而言，这种说法无疑是正确的。

上文总结的宗教思想当然经历了一个漫长的发展过程，并在不同文明的不同阶段得到了坚持。我选择了其中的一个阶段，它大致相当于我们今天的白人基督教文明所采取的最终形式。不难看出，这幅图画的各个部分之间并不完全吻合，并非所有需要解答的问题都能得到答案，日常经验中的矛盾也难以消除。然而，尽管如此，这些思想——广义上的宗教思想——却被视为文明最珍贵的财富，是文明为其参与者提供的最宝贵的东西。人们对它的珍视程度，远远超过了从地球上赢得宝藏、为人们提供食物或预防疾病等一切手段。人们觉得，如果不赋予这些思想以应有的价值，生活就无法忍受。现在问题来了：从心理学的角度来看，这些观念是什么？它们从何而来？为何受到如此推崇？再退一步说，它们的真正价值是什么？

第 四 章

　　像独角戏一样不间断地进行探究，并非完全没有危险。人们很容易受到诱惑，把有可能闯入其中的其他想法推到一边。而作为交换，人们会留下一种不确定的感觉。最后，人们试图用过度的决断来压制这种感觉。因此，我设想有一个对手，他对我的论证充满不信任，我将允许他时不时地提出一些意见。

　　我听到他说：

　　　"你反复使用了以下说法，'文明创造了这些宗教思想'　'文明将这些思想交由参与者支配'。
我觉得这种说法有些奇怪。我自己也说不清为什
么，但这听起来并不像说文明制定了规则去分配劳
动产品或规定妇女和儿童权利那样自然。"❶

但我认为，我这样表达自己的观点是有理由的。我试图
说明，宗教思想与所有其他文明成果一样，都是出于同样的
需要而产生的：保护自己、抵御大自然压倒性的力量。除此
以外，还有第二个动机——纠正文明缺陷的冲动，因为文明
的缺陷让人感到痛苦。此外，可以说是文明赋予了个体这些
观念，因为个体在文明中发现了这些观念。这些观念是现成
的，他无法靠自己一个人去发现。他所拥有的是许多代人的
遗产，他接受这些遗产就像接受乘法表、几何图形和类似的
东西一样。其中确实存在差异，但这种差异在别处也存在，
我还无法研究。你提到的陌生感，可能部分是由于这套宗教
思想通常是作为神的启示提出来的。但这种说法本身就是宗
教体系的一部分，它完全忽视了这些思想的历史发展及其在
不同时代和文明中的差异。

---

❶ 后文中，作者假想的对手所提出的意见，均用楷体字表示。——译
者注

"还有一点在我看来更为重要。你认为，自然的人性化源于解救人类在面对自然的可怕力量时的困惑和无助，以及与自然建立联系并最终影响自然的需要。但这种动机似乎是多余的。原始人别无选择，他没有其他的思维方式。他自然而然地、与生俱来地把自己的存在投射到这个世界上，并把他所观察到的每一个事件都看作是与他一样的存在的表现。这是他唯一的认识方法。这绝不是不言自明的，恰恰相反，这是一个了不起的巧合，他通过这样放纵天性，成功地满足了他最大的需求之一。"

我并不觉得这有多么惊人。难道你认为人类的思想没有实用的动机，仅仅是无私的好奇心的表达吗？这肯定是不可能的。我认为，当人类将自然力量人格化时，他是在遵循一种幼稚的模式。他从最早环境中的人那里学到，影响别人的方法就是与他们建立关系；因此，后来，出于同样的目的，他对待其他一切事物的方式都与对待这些人的方式相同。因此，我的表达并不与您的描述性观察相矛盾。事实上，人类很自然地将他想要了解的一切都人格化，以便日后对其进行控制（心理上的掌控为生理上的掌控做准备）。但我还要为人类思维的这一特点提供动机和起源。

　　"现在说说第三点，这一点似乎更重要。在您的著作《图腾与禁忌》（*Totem und Tabu*）中，您曾经论述过宗教的起源。但在那本书中，宗教以另一种面貌出现。一切都是父子关系。上帝是高高在上的父亲，对父亲的渴望是宗教需求的根源。从那时起，你似乎发现了人类的软弱和无助这一因素，而这一因素在宗教的形成过程中确实起着至关重要的作用。我能请您解释一下这种转换吗？"

　　我很乐意，我一直在期待这个提问。但是它真的是一种转换吗？在《图腾与禁忌》一书中，我的目的不是解释宗教的起源，而只是解释图腾崇拜的起源。你能从你所知道的任何一种观点中解释下述这个事实吗——保护神向人类显现的第一种形态应该是一种动物，因此才有禁止杀死和食用这种动物的规定，但庄严的习俗却是每年一次集体杀死和食用这种动物。这正是图腾崇拜的情况。至于图腾崇拜是否应该被称为宗教，并不是争论的目的。它与后来信奉神的宗教有着密切的联系。图腾动物成了神的圣物；最早但最基本的道德限制——禁止谋杀和乱伦——也是图腾崇拜的基本原则。无论你是否接受《图腾与禁忌》的结论，我希望你会承认，它将许多非常了不起的、互不关联的事实汇集成了一个连贯的整体。

> "《图腾与禁忌》一书中几乎没有触及为什么
> 从长远来看动物神无法长存，而是会被人类神所取
> 代的问题，书中也没有提到有关宗教形成的其他问
> 题。难道你认为这种局限性就是一种否认吗？"

我的著作是一个很好的例子，说明了精神分析的讨论对
解决宗教问题能做出特殊的贡献。如果我现在试图补充另一
个不那么深藏不露的部分，你应该不会像之前指责我片面一
样来指责我自相矛盾了。当然，我有责任指出我之前所说的
和现在所说之间的联系，指出更深层次的动机和显而易见的
动机之间的联系，指出恋父情结和人的无助与需要保护之间
的联系。

这些联系并不难找到。它们就在儿童的无助与成人的
无助之间，而成人的无助是儿童的无助的延续。因此，正如
我们所预料的那样，心理分析所揭示的宗教形成的动机，与
婴儿对显性动机的贡献是相同的。现在，让我们进入儿童的
精神生活。你还记得精神分析所说的根据情感依附（依恋）
类型来做的对象选择吗？在那里，原欲（Libido）[1]沿着自

---

[1] 也被译为"力比多"。——译者注

得知自己杀父娶母之后，俄狄浦斯刺瞎了自己的双目
《安提戈涅牵引着失明的俄狄浦斯》，洛根·马歇尔／绘

恋需求的道路前进，并依附于能够满足这些需求的对象。这样，满足孩子饥饿感的母亲就成了孩子的第一个爱的对象，当然也是孩子的第一个保护对象，以抵御外部世界中所有未知的危险——可以说母亲是帮孩子抵御焦虑的第一个保护人。

母亲的这一（保护）职能很快就被更强大的父亲所取代。在童年的其余时间里，父亲一直保持着这种地位。但是，孩子对父亲的态度却带有一种特殊的矛盾色彩。对孩子来说，父亲本身就是一种危险，这也许是因为孩子早先与母亲的关系。因此，孩子对父亲的恐惧不亚于对父亲的渴望和崇拜。正如《图腾与禁忌》一书中所揭示的，对父亲的这种矛盾态度深深地印刻在每一种宗教中。当成长中的个体发现自己注定要永远是个孩子，没有保护的话，他永远无法抵御那些陌生的超能力，于是他就会把属于父亲形象的特征借给这些超能力；他为自己创造了他所惧怕的神灵，并试图用这些神灵来保护自己。他想讨好这些神灵，又把自己的安全托付给了神灵，因此，他对父亲的渴望与他需要保护自己免受人性弱点的影响的动机是一致的。成人对自己不得不承认的无助的反应（这种反应导致了宗教的形成），正是儿童对于无助感的防御。但我无意进一步探究上帝观念的发展，我们在此关注的是由文明传递给个人的宗教思想的体系。

第 五 章

　　现在让我们接着我们的研究继续讲吧。那么，宗教思想的心理意义是什么？我们又该在哪个主题之下对其分类呢？这个问题并不容易立即回答。在摒弃了一些说法之后，我们将采取以下立场。宗教思想是关于外部（或内部）现实的事实和条件的教义和论断，它们告诉人们一些自己没有发现的东西，并要求人们信仰。由于宗教思想为我们提供了生活中最重要、最有趣的信息，因此特别受人推崇。对它们一无所知的人是非常无知的，而把它们添加到知识库中的人可能会认为自己更加富有。

1858年的油画《康斯坦茨城的湖》
弗雷德里克·李·布里戴尔/绘

　　当然，对于世界上丰富多彩的事物，还有很多类似的教诲。学校的每一堂课都充满了这样的内容。让我们以地理为例。我们被告知，康斯坦茨城位于博登湖畔。一首学生歌曲还说："如果你不相信，就去看看吧。"我碰巧去过那里，可以证实这个可爱的小镇就坐落在宽阔的博登湖畔。所有居住在附近的人都称它为博登湖；我现在完全相信这一地理断言的正确性。这时，我想起了另一段非凡的经历。当我第一次站在雅典卫城的山顶上，站在神庙废墟之间，眺望蔚蓝的大海时，我已经是一个成年男人了。当时，一种惊讶的感觉与我的喜悦交织在一起，它似乎在说："原来真的是这样，就和我们在学校学到的一样！"但如果我现在还是如此惊讶，那么我当时对所听到的真实情况的信念该是多么肤浅和薄弱啊！但我不会过分强调这一经历的意义；因为我的惊讶可能有另一种解释，我当时没有想到，而那解释完全是主观的，它与该地的特殊性有关。

　　因此，所有这些教诲都要求人们相信其内容，但并不是没有理由的。它们是在观察和推论的基础上，经过长期思考后得出的结果。如果有人想亲身经历这一过程，而不是接受其结果，那么这些教诲就会告诉他如何去做。更重要的是，我们总是还能得到他们所传达的知识的来源，而这种来源并不是如地理学的判断一样不证自明。例如，地球的形状像一个球体；为此提出的证据是傅科摆实验，❶以及地平线的变化和环绕地球的可行性。正如每个人都意识到的那样，让每个学生都去环游世界是不切实际的，所以我们满足于把学校教给我们的东西当作一种信任；但我们知道，获得个人信念的道路仍然是通畅的。

让我们试着对宗教教义进行同样的检验。当我们问及这些教义被信奉的依据是什么时，我们会得到三个答案，而这三个答案之间的协调性非常差。

第一，这些教义值得我们信仰，因为我们的祖先已经信仰了这些教义。

第二，我们拥有从那些原始时代流传下来的证据。

第三，根本不允许讨论这些教义的真实性问题。在过去，任何妄自尊大的行为都会受到最严厉的惩罚，甚至今天的社会也对任何试图再次提出这个问题的行为嗤之以鼻。

第三点必然会引起我们最强烈的怀疑。毕竟，这样的禁令只有一个原因，那就是社会非常清楚它为其宗教教义提出的主张是不可靠的。否则，它肯定会随时准备为任何想要定罪的人提供必要的证据。既然如此，我们带着难以消除的不信任感，继续研究另外两个理由。我们应该相信，因为我们

---

❶ 傅科（Jean-Bernard-Léon Foucault，1819—1868）在1851年借助钟摆实验证实了地球的自转。——译者注

的祖先相信——但这些祖先比我们无知得多。他们相信的东西，我们今天可能不接受，而宗教教义也可能属于这一类。他们给我们留下的证据都记载在著作中，而这些著作本身就带有不可信的痕迹。它们充满了矛盾、修改和篡改，而且它们所说的事实本身也是未经证实的。断言这些著作的措辞，甚至只是内容，源自神的启示，也无济于事；因为这种断言本身就是教义之一，其教义的真实性正在接受审查，而任何命题都无法证明其本身。

因此，我们得出一个独特的结论，即在我们的文明财富所提供的所有信息中，对我们可能最重要、最能解决宇宙难题、最能调和我们的生活苦难的信息，恰恰是那些最不可靠的信息。如果没有比这更好的证据，我们就不可能接受与我们关系不大的事情，比如鲸鱼不产卵而产仔。这种情况本身就是一个非常了不起的心理逻辑问题。不要以为我所说的不可能证明宗教教义的真理是什么新东西。毫无疑问，给我们留下这一遗产的祖先们也都感受到了这一点。他们中的许多人可能也怀有和我们一样的疑虑，但强加给他们的压力太大，使他们不敢说出来。从那时起，无数人被类似的疑虑所折磨，并努力压制这些疑虑，因为他们认为信仰是他们的责任。许多聪明人在这场冲突中垮掉了，许多人的性格也因为他们试图找到摆脱这场冲突的妥协而受到损害。如果为宗教教义的真实性所提出的所有证据都源自过去，那么我们自然会环顾四周，看看更容易做出判断的现在是否也能提供类似的证据。如果通过这种方法，我们能够成功地消除宗教体系中哪怕是一个部分的疑点，那么整个体系的可信度就会大大提高。灵修人士在这一点上和我们有共识。他们坚信个体灵魂的存在，并试图向我们证明这一宗教教义的真实性。不幸的是，他们无法成功地反驳这样一个事实，即他们的灵魂的出现和言语仅仅是他们自己精神活动的产物。他们召唤出了最伟大的人和最杰出的思想家的灵魂，但他们从这些灵魂那里得到的所有观点和信息都是如此愚蠢和毫无意义，以至于人们无法从中找到任何可信的东西，只能发现这些灵魂有能力使自己适应召唤他们的人的圈子。

现在，我必须提及已经进行过的两次尝试，两者都给人一种拼命回避问题的印象。一个是古老而激烈的，另一个则是微妙而现代的。第一种是教会早期教父提出的"因为荒谬，我才相信"（Credo quia absurdum）❶。这种观念认为，宗教教义不属于理性的管辖范畴，宗教的真理必须由内而外地感受到，无需理解。但这一信条的有趣之处只是因为自欺欺人。作为权威性的声明，它没有约束力——难道我必

---

❶ 这句话出自神学家德尔图良（Tertullianus）之口。——译者注

须相信每一个荒谬的东西吗？如果不是，为什么偏偏要信这个？我们不能把这事诉诸高于理性的法庭。如果宗教教义的真理取决于见证这一真理的内心体验，那么许多没有这种罕见体验的人该怎么办呢？我们可以要求每个人利用他所拥有的理性天赋，但我们不能根据只存在于极少数人身上的动机，规定适用于所有人的义务。如果一个人从深深打动他的狂喜状态中获得了对宗教教义真正现实性的不可动摇的信念，这对其他人又有什么意义呢？

第二种尝试是"仿佛"（Als Ob）哲学的尝试。它认为，我们的思维活动包括大量假设，而我们完全意识到了这些假设的无根据性甚至荒谬性。它们被称为"虚构"，但由于各种实际原因，我们不得不"仿佛"相信这些虚构。宗教教义就属于这种情况，因为它们对维持人类的生活具有无与伦比的重要性。❶这一论证思路与"因为荒谬，我才相信"相去不远。但我认

---

❶ "仿佛"哲学家的观点，对于其他哲学家来说并不算奇怪，希望我这么说没有让他们感到不公。"我们把虚构包括在内，不仅仅是漠不关心的理论操作，而且还来自最高贵的思想的意识形态建构，人类最高贵的部分依附于这些建构，他们不允许自己被这些建构打败。我们的目的也不是要打败它们——作为实践的虚构，我们让它们完好无损；只是作为理论的真理，它们才会消亡。"［汉斯·韦兴格（H. Vaihinger）：《"仿佛"哲学》（*Die Philosophie Des Als Ob*），1922年版，第68页］

为，"仿佛"论证提出的要求只有哲学家才能提出。一个思想不受哲学影响的人永远无法接受它；在这样的人看来，如果承认某些事情是荒谬的或有悖常理的，那就没什么好说的了。我们不能指望他在处理自己最重要的利益时，会放弃自己所有日常活动所需的保障。我想起了我的一个孩子，他很小的时候就有一种特别明显的实事求是的态度。当孩子们全神贯注地听别人讲童话故事时，他会走过来问："这是真的吗？"当他被告知"不是"时，他会一脸不屑地转过身去。我们可以预见，尽管"仿佛"哲学在辩护，但人们很快也会以对待童话故事的方式去对待它。

但现在，人们对待宗教的行为方式并不统一；而在过去的时代，宗教思想尽管无可争议地缺乏真实性，却对人类产生了最强大的影响。这是一个崭新的哲学问题。我们必须问一问，这些教义的内在力量在哪里？它们的效力来自什么，竟可以脱离理性而获得认可？

第 六 章

我想，我们已经为回答这两个问题做好了充分准备。如果我们把注意力转移到宗教思想的心理起源上，就会找到答案。这些以教义形式出现的思想不是经验的沉淀，也不是思维的最终结果：它们是幻想，是人类最古老、最强烈、最迫切的愿望的实现。其力量的秘密就在于这些愿望的力量。我们已经知道，童年时无助的可怕印象唤起了人们对保护的需求——通过父亲提供的爱来保护自己。认识到这种无助感会持续一生，人们就必须紧紧抓住父亲的存在，但这次是一个更强大的父亲。因此，神意的仁慈统治减轻了我们对生活危险的恐惧；道德世界秩序的建立确保了正义要求的实现，而这些要求在人类文明中常常得不到满足；在未来的生活中，尘世的延续为这些愿望的实现提供了空间和时间框架。宇宙是如何起源的？身体和心灵之间的关系是什么？这些诱发人类好奇心的谜题的答案，都是根据这一体系的基本假设得出的。如果能消除童年时期因恋父情结而产生的冲突——这是从未完全克服过的冲突——并找到一个普遍接受的解决方案，这对个人的心灵将是极大的安慰。

　　当我说这些都是幻觉时，我必须给"幻觉"下一个定义。幻觉不等于错误（Irrtum），幻觉也不一定是错误。亚里士多德认为，蚯蚓是由粪便发展而来的（无知的人至今仍然相信这种观点），这显然是错误的；上一代医生认为脊髓痨（Tabes Dorsalis）是纵欲过度的结果，也是错误的。把这些错误称为幻觉是不正确的。另一方面，哥伦布认为他发现了一条通往西印度群岛的新航路也是一种幻觉。他的愿望在这一幻觉中所起的作用是非常明显的。某些民族主义者断言印欧语系的日耳曼人种是唯一具有文明能力的种族，或者认为儿童是没有性欲的动物，这种信念直到精神分析学说之后才被摧毁。幻觉的特点在于它们源自人类的愿望。在这一点上，它们接近于精神病妄想（Psychiatrischen Wahnidee）。但除精神妄想的结构更为复杂之外，它们还

《哥伦布的灵感》，何塞·玛丽亚·奥布雷贡 / 绘

《哥伦布在西印度群岛瓜纳哈尼岛登陆》，约翰·范德林 / 绘

《哥伦布归来》，欧仁·德拉克洛瓦 / 绘

有其他不同之处。就妄想而言，我们强调妄想与现实相矛盾是至关重要的。但幻觉不一定是虚假的，也就是说，幻觉不一定是不可能实现的，也不一定是与现实相矛盾的。例如，一个中产阶级女孩可能会产生王子会来娶她的幻觉，而这是有可能的。这样的例子也不在少数。至于弥赛亚会来创造一个黄金时代，这就几乎不可能了。将这种信念归类为幻觉还是类似于妄想，取决于个人的态度。已被证明为真的幻觉的例子并不容易找到，但炼金术士认为所有金属都能变成黄金的幻觉可能就是其中之一。诚然，我们今天对黄金的决定因素的了解，已经在很大程度上抑制了拥有大量黄金、尽可能多的黄金的愿望。但化学不再认为把金属转换为黄金是完全不可能的。因此，当愿望的实现是一种信念的主要动机时，我们就把这种信念称为幻觉，而这样做时，我们忽略了它与现实的关系，就像幻觉本身并不注重验证一样。

在确定了方向之后，让我们再次回到宗教教义的问题上来。我们现在可以重申，所有这些教义都是幻觉，无法证明。不能强迫人们认为它们是真的，相信它们。它们中的一些教义是如此不可能，如此不符合我们辛辛苦苦发现的关于世界现实的一切，以至于我们可以把它们——如果我们适当地注意到心理逻辑上的差异的话——比作妄想。我们无法判断大多数妄想的现实价值，因为它们无法被证明，也无法被反驳。我们仍然知之甚少，无法对它们进行批判。宇宙之谜只能在我们的研究中慢慢显现出来；有许多问题，今天的科学还无法给出答案。但是，科学工作是引导我们认识自身之外的现实的唯一道路。期望从直觉和内省中获得任何东西都只是一种幻觉，它们什么也不能提供。但对于我们自己的精神生活，这些信息却很难解释；而对于宗教教义，有些认为很容易回答的问题，却从来没有任何解答。让自己的武断意志介入其中，并根据自己的个人估计，宣布宗教体系的这一部分或那一部分不那么容易被接受或更容易被接受，这未免太无礼了。这样的问题太重大了，甚至可以说是太神圣了。

在这一点上，我们肯定会遇到反对意见。"那么好吧，如果连顽固的怀疑论者都承认宗教的论断无法被理性驳倒，我为什么不相信它们呢？因为它们有这么多的优势——信条、人类的共识以及它们提供的所有安慰。"是啊，为什么不呢？就像不能强迫任何人相信一样，也不能强迫任何人不相信。但是，我们不要满足于自欺欺人，以为这样的论证会让我们走上正确的思考之路。如果说有什么借口是蹩脚的，这个就是。无知就是无知，我们无权因此而相信任何东西。在其他事情上，任何一个明智的人都不会如此不负责任，也不会满足于自己选择的观点和路线只有如此微弱的理由。只有在至高无上、最神圣的事情上，他才会允许自己这样做。

实际上，这种人不过是企图在自己或他人面前假装自己仍然坚定地信奉宗教，而实际上他自己早已与宗教划清界限。在涉及宗教问题时，人们会犯下各种可能的不诚实行为和知识分子的毛病。哲学家们曲解词语的含义，直到它们几乎不再保留任何原有的意义。他们给自己创造的一些模糊的抽象概念冠以"上帝"之名，这样一来，他们就可以在全世界面前摆出自然神论、上帝信徒的姿态，他们甚至可以吹嘘自己已经认识到了更高、更纯粹的上帝概念；尽管他们的上帝现在只不过是一个虚无缥缈的影子，而不再是宗教教义中的强大人格。批评家们坚持把任何承认人类在宇宙面前渺小或无能的人称为"虔诚的信徒"，尽管构成宗教态度本质的并不是这种感觉，而只是在这种感觉之后的下一步，即对这种感觉的反应——寻求对这种感觉的补救。没有更进一步思考，只是谦卑地承认人类在世界上的作用微不足道的人，反而是真正意义上的无宗教信仰者。

评估宗教教义的真实价值并不在本研究的范围之内。对我们来说，只要认识到宗教教义的心理本质是幻觉就足够了。但我们不必隐瞒一个事实，即这一发现也强烈地影响了我们对许多人看待最重要问题的态度。我们大致知道宗教教义是在什么时期、由什么样的人创造的，如果我们还发现了导致这种情况的动机，我们对宗教问题的态度就会发生明显的变化。我们会告诉自己，如果有一位上帝创造了世界，他代表着仁慈的神意，如果宇宙中有道德秩序和来世，那该有多好啊。但一个非常惊人的事实是，这一切正是我们所希望的。如果我们可悲、无知和受压迫的祖先成功地解决了所有这些宇宙难题，那才真令人吃惊呢。

第 七 章

在认识到宗教教义是幻觉之后，我们马上又面临着一个问题：我们所推崇并据此支配我们生活的其他文明财富难道不也具有类似的性质吗？在我们的文明中，两性之间的关系难道不是受到一种或多种爱欲幻觉的干扰吗？我们一旦有了怀疑，就会勇敢地提出问题，那么，我们相信通过科学工作中的观察和推理可以了解外部现实，这个信念是否有更好的基础？没有什么能阻止我们把观察的目光投向我们自己，也没有什么能阻止我们把思想用于对自身的批判。在这一领域，有许多研究摆在我们面前，其结果对于构建"世界观"（Weltanschauung）具有决定性意义。此外，我们还推测，这样的努力不会白费，至少能在一定程度上证明我们的怀疑是正确的。但是，作者并没有承担这项全面任务的能力；他的工作必须仅限于研究其中的一项幻觉——宗教的幻觉。

但现在，对手的大嗓门让我们停了下来。他让我们必须解释我们做的错事。

"考古学兴趣无疑是最值得称赞的，但是，如果挖掘会破坏生灵的栖息地，使其倒塌并将人们掩埋在废墟之下，那么就没有人会去挖掘。同样，宗教教义不是一个可以像其他问题一样争论的问题。我们的文明是建立在这些教义之上的，人类社会的维系是建立在大多数人都相信这些教义的基础之上的。如果人们被教导说，不存在全能公正的上帝，没有神圣的世界秩序，也没有死后的生活，那么他们每个人都会觉得自己没有义务遵守文明的禁令。每个人都将无拘无束、肆无忌惮地追随自己的非社会性、利己主义的本能，并寻求行使自己的权力；我们通过数千年的文明进程所驱逐的混沌将再次出现。即使我们知道并能证明宗教并不掌握真理，我们也应该隐瞒事实，并按照'仿佛'哲学所规定的方式行事——这也是为了保护我们所有人。而你的这个研究，除危险之外，也是一种毫无目的的残忍行为。无数人在宗教教义中找到了唯一的慰藉，他们只有在宗教教义的帮助下才能忍受生活。你会夺走他们的支柱，却没有更好的东西来替代。大家都知道，迄今为止，科学并没有取得多大成就，但即使它取得了更大的进步，对人类来说也是不够的。人类还有另一种迫切的需要，冷冰冰的科学永远无法满足这种需要。奇怪的是——事实上，这简直前后矛盾之极——一位心理学家竟然一直坚持认为，与本能的生命相比，智力在人类事务中所起的作用是那么微不足道——这样一位心理学家现在竟然试图阻碍人类宝贵愿望的实现，并摆出一副要用智力营养来补偿人类的姿态。"

一下子指责了这么多！尽管如此，我还是准备好反驳他们了。更重要的是，我坚持认为，如果我们保持目前对宗教的态度，文明面临的风险比扬弃宗教更大。

但我几乎不知道该从何说起。也许我可以先保证，我本人认为我的工作是完全无害和没有风险的。这次不能说我高估智力了。如果人们真如我的对手所描述的那样——我不想反驳他们——那么一个虔诚的信徒就不会被我的论点所征服，也不会失去他的信仰。此外，我所说的一切，都是其他更优秀的人在我之前以更完整、更有力、更令人印象深刻的方式说过的。他们的名字众所周知，我就不一一列举了。因为我不想给人一种印象，以为我想把自己列为他们中的一员。我所做的一切——这也是我能提供的唯一的新内容——我的论述是为了给我的伟大前辈们的批评补充一些心理学基础。很难想象，恰恰是我的补充会产生前人所没有的效果。毫无疑问，有人可能会问我，如果我确信这些东西不会产生效果，那我写这些东西还有什么意义呢？我稍后会谈到这个问题。

这份出版物伤害的人可能是我自己。我不得不听取最令人不快的责备，责备我肤浅、狭隘、缺乏理想主义，或对人类最高利益缺乏理解。但是，一方面，这种责难对我来说并不陌生；另一方面，如果一个人在年轻时就学会了不受同时代人的否定的影响，那么到了晚年，人们赞同与否，对他又有什么影响呢？以前的情况可不是这样的。那时，像我这样的言论肯定会缩短一个人在尘世的生存时间，并有效地加快他亲身经历来世的机会。但是，我再说一遍，那个时代已经过去了，今天，像这样的文章给作者带来的危险并不比给读

《创造亚当》，米开朗琪罗 / 绘

《最后的晚餐》，达·芬奇 / 绘

者带来的危险大。最大的可能就是他的著作在某个国家被禁止翻译和发行，当然，那会是在一个自诩文化水平很高的国家。但是，如果一个人不愿放弃愿望和顺从命运，那么他也必须能够容忍这种伤害。

我又想到了一个问题：这本著作的出版是否会造成伤害？不是对一个人，而是对一项事业——精神分析事业。因为不可否认，精神分析是我的创造，而它却遭到了很多人的不信任和恶意。现在，我站出来发表这种令人不快的言论，人们就会随时准备把对我个人的批评转移到精神分析上去。"现在我们看到了，"他们会说，"心理分析导致了什么。面具已经摘下来了；它导致了对上帝和道德理想的否定，正如我们一直怀疑的那样。为了不让我们发现这一点，我们被蒙蔽了，以为精神分析没有世界观，也永远不可能构建一个世界观。"

这样的喧哗确实会让我感到不快，因为我的许多同事中，有些人绝不赞同我对宗教问题的态度。但是，精神分析已经经历了许多风暴，现在它必须勇敢地面对这场新的风暴。事实上，精神分析是一种研究方法，一种公正的工具，就像微积分一样。如果一个物理学家在微积分的帮助下研究发现：在一定时间之后地球将会毁灭，我们绝不会把地球的毁灭归咎于微积分本身，从而禁止它。我在这里所说的任何反对宗教真理价值的观点都不需要精神分析的支持；早在精神分析出现之前，其他人就已经说过了。如果精神分析方法的应用使我们有可能找到反对宗教真理的新论据，那算宗教倒霉（Tant pis）；但宗教的捍卫者也享有同样的权利，可以利用精神分析来充分评价宗教教义的情感意义。

现在开始我们的辩护。宗教显然为人类文明做出了巨大贡献。它在驯服非社会本能方面做出了巨大贡献，但还不够。它统治人类社会已有数千年之久，有足够的时间来展示它所能取得的成就。如果人类社会成功地使大多数人幸福，使他们融入社会，使他们与生活和解，使他们成为文明的载体，那么没有人会想要改变现有的状况。但我们看到的是什么呢？我们看到的是，大量的人对文明感到不满、不快乐，觉得文明是一种需要挣脱的枷锁。这些人要么竭尽全力改变这种文明；要么对这种文明充满敌意，以至于不愿和文明或克制本能产生任何关系。在这一点上，有人会反对我们说，之所以会出现这种状况，正是因为宗教失去了对人类大众的部分影响力，而这恰恰是由于科学进步所带来的令人遗憾的影响。我们将注意到这一说法及其理由，并将在以后让它为我们自己的目的所用，但这一反对意见本身没有任何力量。

在宗教教义不受限制的时代，人们是否会普遍感到幸福，这一点值得怀疑。在道德方面，他们肯定不会更幸福。

他们总是知道如何将宗教抑制外化，从而使其意图化为乌有。教士的职责是确保人们对宗教的服从，在这一点上，他们需要迎合人们。上帝的仁慈，要以他的正义为前提。一个人犯了罪后献祭或忏悔，然后就可以再次犯罪。俄罗斯人的自省能力已经达到了这样的程度，他们得出结论说，要想享受所有的权利，罪是不可或缺的。因此，从根本上说，罪是上帝所喜悦的。牧师们只有对人类的本能做出如此大的让步，才能让大众对宗教顺从，这已经不是什么秘密了。因此，人们一致认为：只有上帝是强大而善良的，人是软弱而有罪的。在每个时代，不道德在宗教中得到的支持并不比道德少。如果宗教在人的幸福感、对文明和道德控制的易感性方面所取得的成就不过如此，那么我们不禁要问：我们是否过高估计了宗教对人类的必要性？将我们的文明需求建立在宗教之上是否明智？

让我们来看看宗教现在的明确状况。我们已经听到有人承认，宗教对人们的影响不再像过去那样大了。这并不是因为宗教的承诺减少了，而是因为人们觉得这些承诺不再那么可信（我们在此讨论的是欧洲的基督教文明）。让我们承认，这种变化的原因——尽管也许不是唯一的原因——是人类社会更高层次的科学精神的增强。批判使宗教文献的证据价值荡然无存，自然科学揭示了其中的错误，比较研究发现，我们所推崇的宗教思想与原始民族和原始时代的精神产品之间存在着致命的相似之处。

科学精神给世俗事务带来了一种特殊的态度；在宗教事务面前，它稍作停顿，犹豫不决，最后还是跨过了门槛。这个过程是连续不断地完成的；获得知识宝藏的人越多，脱离宗教信仰的现象就越普遍——起初只是脱离其过时的、令人反感的外衣，但后来也脱离了其基本假设。只有在代顿进行"猴子审判"❶的美国人表现出了自己的一贯性。在其他地方，这种不可避免的过渡是通过半推半就和伪装的方式实现的。

文明并不害怕受过教育的人和脑力劳动者。在他们身上，以其他世俗动机取代宗教动机的过程不会引人注目；此外，这些人在很大程度上本身就是文明的载体。但是，广大未受过教育的受压迫者则是另一回事，他们完全有理由成为文明的敌人。只要他们没有发现人们不再信仰上帝，一切都好说。但是，即使我的这篇文章没有发表，他们也一定会发现这一点。他们愿意接受科学思维的结果，却没有接受科学思维给人们带来的改变。难道不存在这样一种危险，即这些群众在发现"文明监工"的弱点之后，会把对文明的敌意投

---

❶ 1925年，在美国田纳西州的代顿（Dayton）小镇上，一名科学教师因讲授进化论知识而被起诉。——译者注

向他们？如果说，你不能杀死你的邻居，是因为上帝禁止，那么，当你知道没有上帝，也不必害怕上帝的惩罚时，你一定会毫不犹豫地杀死你的邻居。而只有世俗的力量才能阻止你这样做。因此，要么最严厉地镇压这些危险的群众，最小心地让他们远离任何知识觉醒的机会，要么就必须从根本上修正文明与宗教之间的关系。

第 八 章

人们可能会认为，实施后一项建议不会有什么特别的困难。诚然，这会造成一定程度的损失，但不会得不偿失，而且还能避免巨大的危险。然而，每个人都对此感到恐惧，仿佛这会使文明面临更大的危险。当圣卜尼法斯（St. Boniface）●砍倒那棵被撒克逊人奉为神灵的树时，旁观者都以为这种亵渎行为会带来一些可怕的事件。但什么也没发

● 圣卜尼法斯（约680—754），英国传教士。公元718年，他受教皇委派，到当时信奉异教的德国传教，后成为德国主教。——译者注

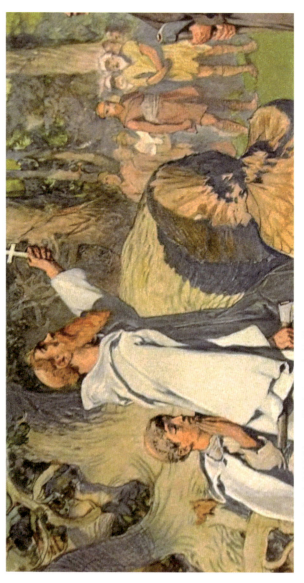

《圣卜尼法斯砍倒神树》，埃米尔·多普勒/绘

生，撒克逊人接受了洗礼。

当文明规定一个人不得杀害他所憎恨的、妨碍他的或他所觊觎的财产的邻居时，这种抑制显然是为了人类的共同生存，否则人类无法共存。因为杀人者会招致被杀者亲属的报复和其他人的暗中嫉妒，而这些嫉妒者的内心和他一样倾向于这种暴力行为。因此，他不会长久地享受他的复仇或抢劫，而是完全有可能很快就会被杀。即使他以非凡的力量和谨慎的态度对付单个的敌人，也必然无法抵挡联合起来的弱者。如果没有这样的联合，杀戮就会无休止地持续下去，最终的结果就是人与人之间互相残杀。我们会发现，在科西嘉岛，人们以家族为单位，联合对抗那些个人；但在其他地方，人们会以不同的国家为单位。生命的不安全感对每个人来说都是同样的危险，现在，它将人们团结在一个禁止个人杀人的社会中，并为自己保留了集体屠杀任何违反禁令者的权利。这就是正义与惩罚。

但我们并没有公布禁止谋杀的理由。我们断言，禁令是由上帝颁布的。因此，我们自作主张猜测上帝的意图，我们发现上帝也不愿意让人互相残杀。通过这种方式，我们为文明的禁令赋予了一种相当特殊的严肃性，但同时我们也冒着风险：人们是否遵守取决于对上帝的信仰。如果我们回溯这一步——如果我们不再把自己的意愿归结于上帝，如果我们满足于给出社会理由——那么，诚然，我们扬弃了文明禁令的变体，但我们也避免了它的风险。但是，我们还获得了其他一些东西。通过某种扩散或感染，神圣不可侵犯的特性——可以说是属于另一个世界的特性——已经从几项主要的禁令扩散到了其他所有的文明规定、法律和法令。但是，这些规定、法律和法令很快就会显露原形：它们不仅在不同的时间和地点做出相反的决定，从而使彼此失效，而且除此之外，它们还显示出人类的种种缺陷。我们很容易在它们身上发现一些东西，而这些东西只能是短视的产物，或者是自私狭隘利益的体现，或者是建立在不充分前提基础上的结论。我们不能不对它们提出批评，但这也在一定程度上削弱了我们对其他更合理的文明要求的尊重。既然要把上帝自己的要求和那些可以追溯到全能的议会或高级司法机构的权威的要求区分开来是一件很困难的事情，那么，如果我们完全撇开上帝，而纯粹承认文明的所有规定和禁令都纯粹起源于人类，则无疑是一件好事。这些清规戒律除了失去自诩的神圣性，还将失去其僵硬和呆板。人们会明白，制定这些禁令和法律与其说是为了统治他们，不如说是为了服务于他们的利益。他们会对这些禁令和法律采取更加友好的态度，与其废除它们，不如改进它们。这将是在通往与文明的重担和解的道路上取得的重要进步。

但是，在这里，我们要求把纯粹的理性原因归结为文明的禁令时，也就是在讨论这些禁令是否源于社会需要时，突然被一个疑问打断了。我们选择了禁止谋杀的起源作为例子，但我们的说法是否符合历史真相呢？恐怕不能；它似乎只是一种理性主义的建构。在精神分析的帮助下，我们对人类文化史的这一部分进行了研究，以此研究为基础，我们不得不说，现实中的情况并非如此。即使在今天的人类中，纯粹理性的动机也难以抵挡激情的冲动。那么，在原始时代的人类祖先身上，这些动机该是多么微弱！如果不是原始时代的弑父行为唤起了人们不可抗拒的情绪反应，造成了重大的后果，也许人类的后代现在也会毫无顾忌地互相残杀。诫命由此产生：你不可杀人。在图腾崇拜时期，这种禁令仅限于父亲的替代者；但后来它被扩展到其他人，尽管直到今天它也没有得到普遍遵守。

但是，正如我无需在此重复的那些论证所表明的，原始的父亲是上帝最初的形象，是后世塑造上帝形象的原型。宗教关于这一点的解释是正确的。实际上，上帝也参与了这一禁令的制定；是上帝的影响，而不是对社会需要的洞察力，造就了这一禁令。把人的意志推卸给上帝的做法是完全正确的。因为人们知道，他们用暴力处置了自己的父亲，在对这一不孝行为的反应中，他们决定从此尊重父亲的意愿。因

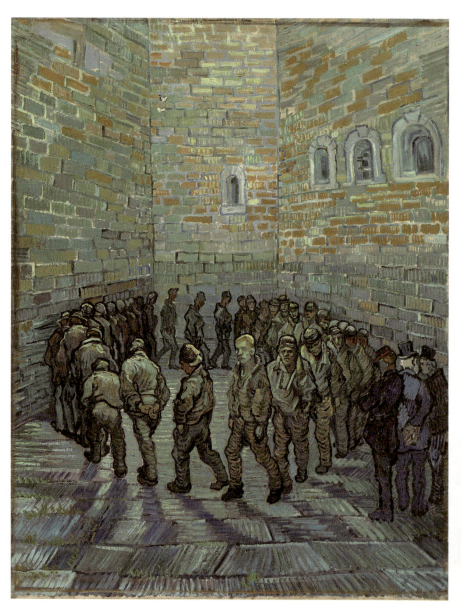

《绕圈的囚犯》，凡·高/绘

此，宗教教义告诉了我们历史的真相——尽管它确实经过了一些修改和掩饰——而我们的理性叙述却不承认这一点。

我们现在看到，宗教思想的宝库不仅包括愿望的满足，还包括重要的历史回忆。这种过去与现在并存的影响必然赋予宗教无与伦比的丰富力量。不过，也许在类比的帮助下，我们会开始有另一个发现。虽然将思想移植到远离其生长土壤的地方并不是一个好的计划，但这里有一个我们不能不指出的一致性例子。我们知道，人类的孩子如果不经历一个时隐时现的神经衰弱阶段，就不可能顺利地成长到文明阶段。这是因为有许多未来不能再使用的本能的要求，无法通过儿童智力的理性运作去压制，只能通过压抑行为来驯服它们，而压抑行为的背后通常隐藏着焦虑的动机。大多数婴儿神经官能症都会在成长过程中被自然克服，童年时期的强迫性神经官能症尤其如此。其余的则可以通过精神分析治疗来消除。同样，我们可以假设，人类作为一个整体，在其各个时代的发展过程中，也陷入了与神经官能症类似的状态，并且是出于同样的原因——即因为在人类无知和智力薄弱的时代，人类只能通过纯粹的情感力量来实现人类群体生存所不可或缺的对本能的扬弃。这些在史前时代发生的类似于压抑的过程的沉淀物，在很长一段时间内仍然附着在文明中。因此，宗教是人类普遍的强迫性神经症；就像儿童的强迫性神经症一样，它产生于俄狄浦斯情结，产生于与父亲的关系。
如果这种观点是正确的，那么可以认为对宗教的背离势在必
行，而我们自己正处于这一发展阶段的中间环节。因此，我
们的行为应该以一个明智的教师为榜样，他不反对即将到
来的新发展，而是设法疏导它的道路，缓解它骤然而至的暴
力。当然，我们的类比并没有穷尽宗教的本质。如果说，一
方面，宗教带来了强迫性的限制，就像个人的强迫性神经症
一样；那么另一方面，宗教则带来了一厢情愿的幻想体系，
以及对现实的否定。这种绝无仅有的情况，除精神错乱之
外，我们在其他任何地方都找不到。但这些只是类比，我们
只是借助这些类比来理解一种社会现象；个人的病理学并不
能为我们提供完全有效的对应物。

我曾多次指出（我本人，以及西奥多·赖克❶都曾多次
重申），宗教与强迫性神经症之间的类比非常详尽，宗教
形成过程中的许多特殊性和沧桑变化都可以从这个角度来理
解。与此相吻合的是，虔诚的信徒在很大程度上避免了患上
某些神经症的风险；他们接受了普遍的神经症，从而免去了
构建个人神经症的任务。

---

❶ 西奥多·赖克（Theodor Reik，1888—1969），奥地利精神分析学
家，弗洛伊德的学生之一。——译者注

我们对某些宗教教义的历史价值的了解，增加了我们对它们的尊重，但这并不能使我们提出的建议——停止将它们作为文明禁令的理由——失效。恰恰相反！这些历史残留物帮助我们把宗教教义看成神经质的遗物，我们现在可以说，用理智理性运作的结果来取代宗教压抑的影响的时机可能已经到来，就像在心理分析治疗中一样。我们可以预见，但并不感到遗憾的是，这种重塑过程不会止步于扬弃对文明禁令的庄严改造，对它们的全面修订将导致许多禁令被取消。通过这种方式，我们将在很大程度上完成使人类与文明和解的使命。当我们为文明的禁令寻找合理的依据时，我们不必为扬弃历史真理而痛惜。宗教教义中所包含的真理终究是被歪曲和系统地伪装过的，以至于人类大众无法将其视为真理。这种情况类似于我们告诉孩子新生儿是鹳鸟带来的。在这里，我们说的也是披着象征外衣的真相，因为我们知道这只大鸟意味着什么。但孩子并不知道。我们知道，他对大人的不信任和抵触情绪往往就是从这种印象开始的。我们深信，在告诉孩子们真相时，最好避免这种象征性的伪装，也不要对他们隐瞒真相。

第 九 章

"你竟允许自己的言论有难以调和的矛盾。
您一开始就说，像您这样的作品是完全无害的：
没有人会因为作品中提出的那种观点而丧失自己的
信仰。但是，正如后面所表明的那样，您的意图是
要破坏这种信仰。那么我们不禁要问，您究竟为什
么要出版您的作品呢？此外，在另一段话中，你承
认，如果有人发现人们不再信仰上帝，这可能是危
险的，甚至是非常危险的。在此之前，他一直是
顺从的，但现在他放弃了对文明标准的服从。然

而，你的整个论点——即把文明的禁令建立在宗教的基础上会对文明构成危险——是建立在一个假设之上的，即信徒可以变成非信徒。这无疑是完全矛盾的。

"还有一个问题。一方面，你承认人不能通过理性来引导，他们受激情和本能需求的支配；但另一方面，你又提出要用理性的基础取代他们服从文明的情感基础。谁能够理解这一点啊？在我看来，这肯定是二选一的问题。

"此外，你难道没有从历史中学到什么吗？曾经有人以官方的方式，堂而皇之地试图用理性取代宗教。你一定还记得法国大革命和罗伯斯庇尔吧？你一定还记得这场试验是多么的短暂和毫无效果吧？目前，同样的试验正在俄国重演，我们不必对其结果感到好奇。你不认为我们可以理所当然地认为，人不能没有宗教吗？

"你自己说过，宗教不仅仅是一种痴迷的强迫性神经症。但你并没有谈到它的另一面。你只满足于将宗教与神经症进行类比。你说，人必须从神经症中解脱出来。在这一过程中还会失去什么，你却并不关心。"

《巴黎市民攻占王宫》，雅克·贝尔托／绘

《处决罗伯斯庇尔》，作者未知

出现矛盾的原因可能是因为我把复杂的事情处理得过于仓促。不过，我们可以在某种程度上重新考虑这个问题。我仍然认为，我所写的东西在一个方面是无害的。任何信徒都不会因为这些或其他原因而背弃信仰。任何类似的论点，都不会让信徒与宗教教义之间存在的某种情感纽带断裂。但毫无疑问，还有无数的人并不是同样意义上的信徒。他们服从文明的禁令，因为他们被宗教的威胁所吓倒。只要他们不得不把宗教视为现实的一部分，而现实又把他们围在中间，那么他们就会恐惧宗教。一旦他们被允许扬弃对宗教现实价值的信仰，他们就会被抛弃。但他们也不受争论的影响——当他们看到别人不惧怕宗教时，他们就不再惧怕宗教了。正是因为他们，我才断言，即使我不出版我的著作，他们也会了解宗教影响的衰落。

但我认为你自己更看重你指控我的另一个矛盾：既然人如此难以接近合理的论证，如此完全受本能愿望的支配，为什么要让他们的本能满足受挫，而代之以合理的论证呢？人的确是这样的，但你有没有问过自己，他们是否一定要这样？他们的内在本性是否一定要这样？如果一个民族的习俗是从孩子很小的时候就用绷带把他们的头包起来，使他们的头变形，那么人类学家能给出这个民族的颅骨指数吗？想想看，健康儿童的聪明才智与普通成年人的孱弱智力之间形成了令人沮丧的对比。我们是否可以肯定，造成这种相对萎缩的主要原因不正是宗教教育吗？我认为，一个没有受到影响的孩子要过很长时间才会开始为上帝和另一个世界的事物而烦恼。也许到那时，他对这些问题的思考会走上与他的先辈们相同的道路。但是，我们并没有等待这样的发展；我们在他对宗教教义既不感兴趣，也无法理解其含义的年龄就向他灌输了这些教义。今天，儿童教育计划的两个要点难道不是性发育迟缓和过早信仰宗教吗？因此，当孩子的智力觉醒时，宗教教义已经变得不可动摇了。但你是否认为，用地狱之火的威胁来封闭如此重要的领域，非常有利于智力功能的增强？当一个人一旦不加批判地接受了宗教教义中的所有荒谬，甚至忽略了它们之间的矛盾时，我们就不必对他智力的薄弱感到惊讶了。但是，除了智力，我们别无他法控制自己的本能天性。我们怎么能指望在思维禁忌支配下的人能够实现心理理想，即理性至上呢？你也知道，一般说来，女性都患有"生理弱智症"，也就是说，她们的智力不如男性。这个事实本身是有争议的，对它的解释也是令人怀疑的，但支持这种智力萎缩是次要性质的一个论据是：妇女早年受到严酷的禁止，不能把她们的思想转向她们最感兴趣的方面，即性生活问题。只要一个人的幼年时期不仅受到性方面的思想禁锢的影响，而且还受到宗教禁令和由此产生的忠诚禁令的影响，我们就无法真正了解他实际上究竟是什么样的人。

不过，我还是要控制一下我的激动情绪，承认我也有可能在追逐一种幻觉。也许，宗教禁令思想的效果并不像我想象的那么糟糕；也许，即使不滥用教育使人们屈从于宗教，人类的本性依然如故。我不知道，你也不可能知道。目前无法解决的似乎不仅是生活中的大问题，许多较小的问题也难以回答。但你必须承认，在这里，我们有理由对未来抱有希望——也许有宝藏可以被挖掘出来，值得我们去体验一项违反宗教的教育实验。如果实验效果不理想，我就准备放弃改革，回归我先前提出的、纯描述性的判断，即人是一种智力低下的生物，受本能愿望支配。

在另一点上，我毫无保留地同意你的观点。一开始就试图用武力一举消灭宗教肯定是毫无意义的。首先，因为这是无望的。信徒不会因为争论或禁令而放弃自己的信仰。即使有效，对某些人来说，这样做也是残忍的。一个服用安眠药数十载的人，如果他的安眠药被夺走，他自然无法入睡。美国正在发生的事情很好地说明了宗教安慰的效果可以比作安眠药的效果。他们现在正试图——显然是在女性化政府的影响下——打击人们的兴奋剂、麻醉剂和其他能产生快感的物质，取而代之的补偿是用虔诚来充实他们。这是另一种实验，我们不必对实验结果感到好奇。

因此，当你继续争辩说，如果没有宗教幻觉的安慰，他们就无法承受生活的烦恼和现实的残酷，那我就不同意了。当然，对于那些从小就被灌输甜美或苦涩毒药的人来说，情况确实如此。但其他人呢？理智长大的那些人呢？那些没有遭受神经衰弱、不需要麻醉剂来抑制的人呢？诚然，他们会发现自己处境艰难，他们不得不承认自己的无能为力，他们不再是宇宙的中心，不再是仁慈的上帝温柔呵护的对象。他们就像一个孩子离开了温暖舒适的父母家一样。但是，幼稚主义肯定是注定要被克服的。人不能永远做孩子，他们最终必须走向"满含敌意的生活"。我们可以称其为"现实教育"。我是否需要向你们坦白，我写这本书的唯一目的就是要指出迈出这一步的必要性？

你可能担心他们经不起这种严峻的考验？好吧，让我们至少希望他们经得起考验。不管怎么说，知道一个人被自己的原生资源所抛弃是一件很有意义的事情。这样，人们就学会了如何合理利用这些原生资源。人类并非完全无助。自从大洪水时代以来，他们的科学知识已经教会了他们很多，这些知识将进一步增强他们的力量。至于无计可施的命运的巨大需求，他们将学会对之逆来顺受。月亮上的海市蜃楼对他们有什么用呢？作为这个世界上诚实的小户农民，他们会知道如何耕种自己的土地，让它养活自己。通过从另一个世界收回他们的期望，并将所有解放出来的精力集中到他们在地球上的生活中，他们很可能会成功地达到这样一种境界：生活对每个人来说都是可以忍受的，文明不再压迫任何人。到那时，他们就可以和我们的一位不信教的同胞一起无怨无悔地说：

> 我们把天空留给
> 天使和麻雀。[1]

---

[1] 这句诗出自海涅的《德意志》(*Deutschland*)的第一部分。海涅曾使用"不信教的同胞"(Unglaubensgenossen)来代指斯宾诺莎。——译者注

第 十 章

　　"听起来真不错！一个摒弃了一切幻觉的种族，有能力让他们在地球上的生存变得可以忍受！然而，我的想法却无法与你的期望一样。这并不是因为我是你们认为的顽固反动派，而是因为我很理智。我们现在似乎互换了角色：你是一个被幻觉冲昏头脑的狂热分子，而我则代表着理性的诉求、怀疑主义的权利。在我看来，你所阐述的内容都是建立在错误之上的。我可以效仿你，把这些错误称为幻觉，因为它们清楚地暴露了你的愿望的影响。您寄希望于这样一种可能性，即在幼年时期没有经历过宗教教义影响的世世代代将很容易达到所期望的理智高于本能的生活境界。这无疑是一种误解：在这一决定性的方面，人类的本性几乎不可能改变。如果我没有弄错的话——我对其他文明知之甚少——今天仍有一些民族没有在宗教制度的压力下成长，但他们并不比其他民族更接近你的理想。如果你想把宗教从我们的欧洲文明中驱逐出去，你只能通过另一种教义体系来做到这一点。而这样一种体系从一开始就会继承宗教的所有心理特征——同样的神圣性、僵化和不宽容，同样的思想禁令——来为自己辩护。要满足教育的要求，就必须有这样的东西。没有教育是不行的。从襁褓中的婴儿到文明人是一条漫长的道路；如果没有人指导他们的发展，太多的年轻人会误入歧途，无法在适当的时候完成他们的人生任务。在他们成长过程中应用的教条总是会限制他们成熟时期的思维——这正是你今天指责宗教所做的事情。你难道没有注意到，我们的文明和其他任何文明都有一个不可磨灭的先天缺陷，那就是它强加给受本能驱使、智力薄弱的孩子们一些决定，而这些决定只有具备成熟理智的成人才能做出，否则，文明将不可能存在。因为人类漫长的发展过程被压缩在童年的短短几年里；而只有依靠情感的力量，儿童才能完成面前的任务。这就是你所谓的"理性至上"的前景。

"现在，如果我要辩称：把宗教教义体系作为人类集体生活的教育基础，你一定不会感到诧异了。这是一个现实问题，而不是价值问题。既然为了维护我们的文明，我们不能把对个人的影响推迟到他的文明成熟之后（许多人无论如何也不会成熟），既然我们不得不把某种教义体系强加给成长中的孩子，这种体系将作为不容批评的公理在他身上起作用，那么在我看来，宗教体系是迄今为止最适合这一目的的。当然，它之所以如此，正是因为它具有实现愿望和安慰人的力量，而你声称正是通过这种力量认识到它是一种"幻觉"。鉴于发现现实的任何东西都是困难的——事实上，我们根本不可能发现——我们决不能忽视这样一个事实，即人类的需求也是现实的一部分，事实上，是重要的一部分，是与我们密切相关的一部分。

"在我看来，宗教教义的另一个优点在于它的一个特点，而你似乎对这个特点特别不以为然。因为它允许对思想进行提炼和升华，这使它有可能去掉大部分原始和幼稚思想的痕迹。这样，剩下的就是一套科学不再抵触也无法推翻的思想体系。这些被你们谴责为对宗教教义的折中和妥协的修改，使我们有可能避免未受过教育的大众和哲学家之间的裂痕，并保持他们之间的共同纽带，而这对保护文明是非常重要。有了这一点，就不必担心大众会认为社会上层"不再相信上帝"。我想，我现在已经表明，你的努力归根结底是企图用另一种未经证实的、没有情感价值的幻觉来取代已经证实的、有情感价值的幻觉。"

你不会发现我无法接受你的批评。我知道要避免幻觉是多么困难，也许我所承认的希望也具有幻觉的性质。但我坚持一点：你不接受我的幻觉也不会受到惩罚，而且，我的幻觉并不像宗教幻觉那样不可更改。它们不具有妄想的性质。如果经验表明——不是对我，而是对我之后的其他人，他们和我的想法一样——我们错了，我们就可以放弃我们的期望。请接受我的尝试。心理学家如果不自欺欺人地认为在这个世界上很难找到自己的定位，那么就会努力评估人类的发展，从研究个体从儿童成长为成人的心理过程而获得的一点点知识，去概括人的发展。他乐观地认为，人类将克服这一

《死亡的胜利》描述了末日的场景，老彼得·勃鲁盖尔 / 绘

《圣母升天》展示了宗教中的天使和天堂景象，弗朗西斯科·波蒂西尼/绘

神经质阶段，就像许多儿童摆脱类似的神经质一样。这些从个体心理学中得出的发现可能并不充分，将其应用于全体人类也不靠谱，他的乐观主义也毫无根据。我承认这些不确定性。但是，人们往往不能不说出自己的想法，并以"我也不确定"为由为自己开脱。

有两点我必须多说几句。首先，我的立场软弱并不意味着你的立场强大。我认为你是在为一个失败的事业辩护。我们经常坚持认为，人的理性与其本能生命相比是无能为力的，也许我们的看法是对的。但是，理性的声音虽然柔弱，但它不会停止，除非被人民听到。在经历了无数次挫折之后，理性最终会成功。这是人们可以对人类未来持乐观态度的少数几个要点之一，但它本身非常重要。从中还可以获得其他希望。诚然，理性至上可能得等到遥远的未来，但也可能并不遥远。你期望从你的上帝那里获得实现的事物，它与那些"理性至上"的人可能会设定相同的目标（当然是在人类的限度内——只要外部现实允许），这个目标就是让人类的爱增加，而让痛苦减少。既然如此，我们可以告诉自己，我们之间的对立只是暂时的，并非不可调和。我们的愿望是一样的，但你们比我和站在我这一边的人更急躁、更苛刻、更自我。你们想让极乐世界在死后直接开始，你们期望不可能实现的事情，你们不会放弃个人的要求。我们的上帝，逻各斯❶，会满足我们之外的大自然所允许的任何这些愿望，但他不可预见的未来会逐步实现，而且是为了新一代的人。他不会补偿我们这些饱受生活之苦的人。在通往这个遥远目标的道路上，无论最初的尝试是否失败，无论最初的替代品是否站不住脚，你的宗教教义都必须被抛弃。你知道为什么：从长远来看，没有什么能抵挡理性和经验，而宗教与理性和经验的矛盾是显而易见的。即使是纯化了的宗教思想，只要它们试图保留宗教的任何慰藉，就难逃这一命运。毫无疑问，如果他们把自己局限于对一种更高的精神存在的信仰，而这种精神存在又是什么呢？其性质无法确定，其目的也无法辨别，它们将抵御科学的挑战，但它们也将使人类失去兴趣。

其次，观察一下你我对待幻觉的态度有何不同。你必须全力捍卫宗教幻想。如果它失去了信誉——事实上对它的威胁已经足够大——那么你的世界就会崩溃。你必然对一切绝望，对文明和人类的未来绝望。我们则已经摆脱了这种束缚。既然我们已经准备好放弃大部分幼稚的愿望，那么即使我们的一些期望变成了幻觉，我们也可以承受。

摆脱了宗教教义负担的教育可能不会对人的心理本质产

---

❶ 荷兰作家穆尔塔图里（Moltatuli，1820—1887）借用希腊神话描写的两位孪生之神：Λόγος（逻各斯）和Ανάγκη（阿南刻），在哲学中分别代指"理性"和"必然性"。——原书注

生多大的改变。我们的上帝逻各斯也许并不万能，它也许只能实现前辈们所承诺的一小部分。如果我们不得不承认这一点，我们就会心甘情愿地接受。我们不会因此而失去对世界和生活的兴趣，因为我们有一个可靠的后盾，而这正是你所缺乏的。我们相信，科学工作有可能获得一些关于世界现实的知识，通过这些知识，我们可以提高我们的能力，并根据这些知识安排我们的生活。如果这种信念是一种幻觉，那么我们的处境就和你一样。但是，科学以其无数重要的成功为我们提供了证据，证明它不是幻觉。在那些不能原谅科学削弱宗教信仰并威胁要推翻宗教信仰的人当中，科学有许多公开的敌人，还有许多秘密的敌人。人们指责说，科学教给我们的东西太少，而它留给我们的领域却无比广阔。但是，人们却忘记了它是多么年轻，它的起步是多么艰难，人类智慧强大到足以完成它所设定的任务的时间又是多么短暂。我们把判断的依据建立在太短的时间上，这难道不是我们所有人的过错吗？我们应该以地质学家为榜样。人们抱怨科学的不可靠性：它今天被宣布为定律，下一代却推翻了这个定律，并用新的定律取而代之，而新定律的有效性也存疑。但这是不公正的，部分也是不真实的。科学观点的转变是发展，是进步，而不是革命。一个起初被认为是普遍有效的定律，后来被证明是更全面的统一性的一个特例，或者被另一个定律所取代，而这个定律直到后来才被发现；一个粗略接近真理的定律被一个经过更仔细调整的定律所取代，而后者也有待于进一步完善。在许多领域中，我们还没有跨越一个研究阶段，在这个阶段中，我们对一些假设进行试验，而这些假设很快就会因为不够充分而被否定；但在另一些领域中，我们已经拥有了一个可靠的、几乎不可改变的知识核心。最后，有人试图从根本上否定科学研究，理由是科学研究受制于我们自己的组织条件，它只能产生一些主观的结果。但是，这忽视了对理解科学工作具有决定性意义的几个因素。第一，我们的组织——即我们的精神机构——正是在探索外部世界的尝试中发展起来的，因此，它一定在其结构中实现了某种程度的权宜之计；第二，它本身就是我们所要研究的世界的一个组成部分，而且很容易进行这样的研究；第三，如果我们把科学的任务局限于说明由于我们的组织的特殊性，世界在我们眼中必然是怎样的，那么科学的任务就完全涵盖了；第四，正因为其获得的方式，科学的最终结论不仅取决于我们的组织，而且取决于影响该组织的事物；第五，如果不考虑我们的感知心理装置，那么世界本质问题是一个空洞的抽象概念，缺乏实际意义。

　　不，我们的科学不是幻觉。但是，如果认为科学不能给我们的东西可以从其他地方得到，那就是一种幻觉。

文明及其不满

Das Unbehagen in der Kultur

第 一 章

人们或许难免都会有个印象，觉得人类都在使用错误的尺度，驰骋竞逐并且欣羡他人的权力、成就和财富，却低估了生命的真正价值。可是在这种一概而论的判断当中，却又忘记了人类的多样性以及他们的心灵之虞。世人会不吝赞美某些人，尽管他们的伟大是奠基于和大家的目标以及理想相去甚远的特质和成就。人们很容易会以为赞美这些伟人的毕竟是少数，而大多数人对他们其实是视若无睹的。可是事情或许没有那么简单，因为人们的思考和行为各自不同，他们的愿望冲动也形形色色。

　　其中有个特立独行的人，在和我的鱼雁往返当中以朋友相称。我寄了拙著给他，那是探讨作为幻觉的宗教的一本小书❶。他回信说，他完全赞同我对于宗教的看法，却很遗憾我没有正视宗教情感（Religiosität）的真正起源问题。他认为那是一个就连他都挥之不去的奇怪感觉，他也在其他人那里证实了这点，而且可以假设人同此心、心同此理。他把这个感觉叫作"永恒性"（Ewigkeit）的感受，一种无边际、无限制的东西的感觉，就像"浩瀚大海"一样。这种感觉是纯粹主观的事实，而不是信仰的命题，它和个人永生的保证扯不上关系，却是掌握在各个教会和宗教体系手里的宗教能量的源泉。他们把这些能量导入各种渠道，当然也会把它们消耗殆尽。只要有这种"浩瀚大海"的感觉，人们就可以说自己有宗教情感，尽管他拒绝任何信仰和幻觉。

　　我相当尊敬的这位朋友，他自己也相当重视诗的幻觉魅力。❷他的说法让我大惑不解，我没办法在自己心里找到那种"浩瀚大海"的感觉。以科学的方法探究自己的感觉不是那么容易的事。我们可以试着描述它们的生理表征。至于没办法这么描述的东西（我担心这种描述方式不适用于"浩瀚

---

❶　指《一个幻觉的未来》。——译者注

❷　据原书增注，这位朋友是指罗曼·罗兰（Romain Rolland）。——译者注

大海"的感觉），那就只剩下和这个感觉最可能相关的观念内容。如果我的朋友理解正确的话，那么他的说法就和一位矫矫不群的剧作家笔下从容赴义的主角所说的安慰的话如出一辙："我们不会脱离这个世界。"❶那就是和整个外在世界不分畛域、辅车相依的感觉。我想说的是，在我看来那是一种知性认知的性质，当然不能说没有夹杂着感觉的意味，但是在其他范围类似的想法里也会出现。对我个人而言，我没办法相信这种感觉的原初性质。但是我无权否认别人事实上会有这种感觉。唯一的问题是，我们是否正确地诠释它，以及是否应该认定它就是所有对于宗教的需求的根源（Fons et origo）。

关于这个问题的解答，我并没有任何定论。人们依据一个直接的、自始就为此量身打造的感觉去认识他和环境的关系，这个观念听起来太过荒诞而和我们的心理学结构格格不入，因此，我们有理由就这种感觉提出精神分析的——也就是发生学的推论。以下的思考方式可以一试：一般来说，对于我们的自身（Selbst）、我们的自我（Ich）的感觉是再确定不过的了，对我们来说，这个自我看似独立、完整而且和

---

❶ 剧作家克里斯蒂安·迪特里奇·格莱伯（Christian Dietrich Grabbe）的剧作《汉尼拔》（*Hannibal*）中写道："是啊，我们不会脱离这个世界，只要我们到这里走一遭。"

一切他者判然有别。直到精神分析的研究——尽管它对于自我和本我（Id）的关系的研究依旧不完备——才告诉我们，那个表象其实是个错觉。相反地，自我不断往里面延伸，没有任何明确的边界，一直到一个无意识的心理实体里，我们把它叫作"本我"，对于本我而言，自我宛如一面外墙。然而如果往外延伸，自我至少看似会主张清楚明确的边界。只有在一种状态——当然是个不寻常的状态，但是我们不会贴上病理的标签——它才会有所不同。情到深处的时候，自我和客体的界限就会消融于无形。恋人会无视于种种感官的证据，而主张"我"和"你"是一体的，也愿意把它当作一个事实。如果生理学的功能都可以暂时扬弃它，那么任何病变都可能会造成障碍。病理学让我们认识到许多状态，在其中，自我和外在世界的划分不是变得不确定就是划错界线了。在若干个案里，我们身体的某个部位或是一部分的心理活动，如知觉、思想、感觉，看起来会很陌生，宛如不属于自我；在其他个案里，他会把显然源于自我而且被自我承认的东西推给外在世界。所以说，自我感觉也会产生障碍，而自我的界限也不是那么固定的。

我们进一步思考就会知道：成人的这个自我感觉并不是一开始就这样的。它应该经过了一个演变，我们当然没办法以概念证明它，而只能以相当的概率推想。[1]襁褓里的婴儿还没办法区分自我以及作为感觉涌现来源的外在世界。他是在回应种种刺激时渐渐学会区分的。他应该会有强烈的印象，那就是有些刺激源头（他以后会知道那是身体器官）随时都在输送感觉给他，而有些来源则偶尔会消失——其中包括他最渴望的母亲的乳房——他必须哭闹求助才会把它吸引过来。如是，一个"客体"破天荒地站在自我面前，作为一个存在于"外在世界"的东西，唯有特别的行动才可以迫使它出现。另一个促使自我脱离一般性的感觉材料的诱因（也就是承认有一个"外面"，一个外在世界），是源自频繁的、多样的、不可避免的痛苦和厌恶的感觉，那是支配范围无远弗届的快乐原则（Lustprinzip）所要扬弃和避免的。于是会产生一个倾向，任何可能导致厌恶的东西，都要把它和自我隔离，把它往外扔，建立一个纯粹的快乐原则，在它的对面则是一个陌生的、有威胁的"外面"。这个原始的"快乐自我"（Lust-Ich）的界限无法逃脱经验的纠正。有些东西，人们觉得会使他们快乐而割舍不下，但是它们并不是自我，而是客体；而有些痛苦，人们想要逃脱，到头来

---

[1] 关于自我发展和自我感觉的大量研究，参见费伦齐（Ferenczi）的论文《现实感的发展阶段》（*Entwicklungsstufen des Wirklichkeitssinnes*, 1913），以及费登（Federn）于1926年、1927年及其后的论文。

却证明和自我不可分割，是源自内心的东西。于是人们认识到一种程序，通过刻意地驾驭感官活动，以及适当的肌肉动作，他们可以区分什么是内在的（属于自我的）以及外在的（源自外在世界的），并且据此第一次导入支配着后续发展的现实性原则（Realitätsprinzip）。这个区分当然也有其现实上的目的，也就是让人抵抗感受到的或者袭上心头的厌恶感。为了防止内心升起某种厌恶感，自我不得不使用对付来自外在世界的厌恶的方法，这就是许多重大疾患的开端。

如是，自我就脱离了外在世界。或者更正确地说：自我原本涵摄了一切，后来才从自己分割出一个外在世界。我们现在的自我感因而只是一个范围更大的——是的，一个无所不包的——感觉缩水了的残渣，它正好呼应了自我和环境更加紧密的关联性。如果我们可以假设这个原始的自我感（或多或少）持存在许多人的心灵里，那么他们心里也会伴随着成熟期更加狭窄且界限明确的自我感，就像是一体两面的东西，而对应的观念内容也会是那种无限的感觉以及和宇宙全体的关联性，就像我的朋友所说的那种"浩瀚大海"的感觉。

可是，我们可以合理地假设原始的东西和后来从它那里衍生出来的东西并存着吗？那是毫无疑问的；不管是在心理或是其他领域，这种现象都不算罕见。我们在动物界就可以证实这个假设，也就是高等物种是从低等物种演化而来的。可是我们现在在生物圈里仍然看得到所有简单的生命形式。大型爬虫类动物固然灭种了，而让位给哺乳类动物，可是它们不折不扣的代表——鳄鱼，仍旧和我们共存着。这个类比或许太迂回曲折了，而且也没有说服力，因为仍然存活的低等动物未必就是现在高等动物真正的祖先。作为中间环节的物种往往都绝种了，我们只能通过重构去认识。相对地，在心理领域里，原始的东西一般都会和从它转化产生的东西并存，我们甚至没有必要举例证明这点。如果有什么引人注目的，通常是在演变当中产生偏离的结果。某个定量的态度或驱力冲动（Triebregung）[1]依然不变，而另一部分的定量则经历了进一步的演变。

于是我们来到了关于心理领域的保存这个更加概括性的难题，至今还没有人探讨它，可是它实在太引人入胜而且意义重大，所以我们不妨多看它两眼，虽然理由并不是很充分。自从我们不再误以为我们屡见不鲜的遗忘意味着记忆痕迹的毁损或消灭，我们会反过来假设说，任何在心灵里形成的东西都不会消失，所有东西不知怎的都会保存下来，在适当的情况下，例如退行（Regression）够远了，它就可以

---

[1] 也译为"欲力冲动"或"本欲萌动"。——译者注

重现。有人以另一个领域来说明这个类比到底在说什么。我们以永恒城市为例。[1]历史学家告诉我们，最古老的罗马是"罗马方城"（Roma quadrata），是巴拉丁山上的一处围篱聚落。然后来到了"七丘之城"（Septimontium）时期，那是个别山丘聚落的联盟，接下来则是以塞维安城墙为界的城市，而在经历了所有共和时期以及早期诸位恺撒执政，奥勒良皇帝[2]筑起城墙围住了他的城市。我们不想追踪城市后来的演变，但是我们要问，有哪个游客，假设他拥有丰富的历史和地理知识，还会在现在的罗马城里看到以前这几个时期？除了若干缺口，奥勒良的城墙几乎原封不动。在某些地方也出土了几段塞维安城墙，使它们重见天日。如果他的知识够丰富——超越了现在的考古学家——他或许可以在城市地图上标示出这道城墙的延伸路径以及罗马方城的轮廓。以前这个古老聚落里栉比鳞次的建筑，现在不复得见，或者只剩下断壁残垣而已，因为它们不再存在了。就他对于

---

[1]　参见休·拉斯特（Hugh Last）:《剑桥古代史》（*The Cambridge Ancient History*），1928年版，第七卷，"罗马的建立"（The Founding of Rome）章节。

[2]　奥勒良（Lucius Domitius Aurelianus，214—275），270—275年为罗马帝国皇帝。他使四分五裂的罗马帝国重新获得统一，因而赢得"世界光复者"的称号。为抵挡蛮族入侵，他修建了一条长19千米、高约6米的罗马城墙。——译者注

《圣彼得大教堂》展示了1630年时的罗马街景，维维亚诺·科达齐/绘

《罗马万神殿和罗通达广场》展示了1836年的罗马街景，雅各布·阿尔特 / 绘

共和时期的罗马的知识所及，他顶多只能指出当时的神庙和公共建筑的遗址位置。它们现在的位置已经成了废墟，而且不是原貌，而是惨遭火灾和破坏之后的整修遗迹。不消说，自从文艺复兴以来的数百年间，古代罗马的所有这些遗迹早就散落在混乱不堪的大城市里。有些古迹仍然可以从城市土地或是现代建筑底下挖掘出来。这就是我们在诸如罗马的城市历史里看到的过去事物的保存方式。

现在让想象驰骋，假设罗马不是一个人类聚落，而是个心理实体，它有一样悠久而丰富的过去。在其中，任何曾经出现的东西都不会消失，除了最近的发展阶段，所有以前的阶段仍然继续存在。对于罗马而言，这意味着在巴拉丁山上，恺撒神殿以及塞维鲁（Septimius Severus）❶的七丘之城依旧巍然屹立，圣天使堡城垛上依旧立着优美的雕像，一直到哥特人围城之前，它们都装点着城堡，等等。可是不仅如此：在卡法雷利宫（Palazzo Caffarelli-Clementino）所在的地方可能会耸立着朱庇特神庙，没有被拆除；而且不只是它最后的形貌，正如帝国时期的罗马人所看到的，还包括

---

❶ 塞维鲁（145—211），公元193—211年为罗马帝国皇帝，塞维鲁王朝开创者。——译者注

它最早的模样，当时还是伊特拉斯坎人❶的形式，上面有红陶的檐口饰。现在罗马竞技场所在的地方，我们或许还可以看到尼禄的金宫（Domus Aurea）❷。在万神殿广场上，我们不只会看到哈德良❸留到现在的万神殿，在同一块地上还可以看到阿格里帕❹原本建造的陵墓；此外，这块地上更有神庙遗址密涅瓦圣母堂（Santa Maria sopra Minerva）等古代神庙。参观者只要换个视线或者位置，就会捕捉到不同的风光。

我们显然没有必要继续驰骋幻想，因为那只会越来越难以想象甚至荒谬。如果我们要以空间的形式来表现历史的递嬗，那就只能在空间里并列：同一个空间里不能填充两个不

---

❶ 伊特拉斯坎人（Etruscan）是古代意大利西北部伊特鲁里亚地区的古老民族，其文明在公元前6世纪时达到巅峰，其文化的许多特点被后来的罗马人继承和吸收。——译者注

❷ 尼禄（Nero Claudius Drusus Germanicus，37—68），公元54—68年为罗马皇帝，罗马历史上最著名的荒唐统治者。金宫是尼禄在罗马建立的一座豪华宫殿群，建筑与装饰极尽奢华。——译者注

❸ 哈德良（Publius Aelius Traianus Hadrianus，76—138），罗马帝国五贤帝之一，117—138年在位，修建了"哈德良长城"，重建了奥古斯都时代的万神殿。——译者注

❹ 阿格里帕（Mareus Vipsanius Agrippa，公元前63—公元前12年），古罗马政治家、将军，奥古斯都大帝的军政大臣、女婿，万神殿的建造者。——译者注

同的东西。我们的尝试看似无益的戏论，它只有一个正当性理由：它向我们证明了，以直观的方式根本无法掌握心理生活的特质。

还有个反驳意见必须考虑一下。或许有人会问，我们为什么偏偏要拿城市的过去和心灵的过去做比较。我们假设在心灵里所有事物也都会保存下来，但是这个假设必须有个条件，那就是心理器官完好如初，它的构造没有遭受创伤或是发炎。种种可以和这类病因相提并论的破坏性影响，在任何城市的历史里从来都没有少过，哪怕它们没有像罗马那么变化多端的过往，哪怕它们像伦敦一样几乎没有遭遇到敌人的肆虐。建筑的拆除和改建都是在城市和平发展的时期进行的，所以这类城市本来就不适合和心理素质做比较。

我们只得向这个抗议退让；放弃这个明显的对比，而转向再怎么说都更接近的比较对象，也就是动物或人的身体。可是就算是这样，我们还是遇到同样的情况。以前的发展阶段在任何意义下都不再存在，它们已经被吸收到后来的阶段里并为其提供材料。我们没办法在成人身体里证明胚胎的存在。孩子的胸腺过了青春期就被结缔组织取代而再也不存在了；我的确可以在成人的管状骨里找到孩子的骨骼轮廓，但是它本身已经消失了，变长又变细，直到它的形态确定下来。所以说，所有前期阶段和最终形态的并存，这种现象只有在心灵里才有可能，而我们也没办法以任何直观的形式说明这个现象。

或许我们在这个假设上面花了太多时间。也许我们只要提出以下的主张就够了，那就是在心灵里，过去的东西都可以保存下来，而不一定会被消灭。当然也有可能说，在心灵里，旧有的东西，不管是正常还是例外情况，都会被擦掉或吸收，完全没办法重建或复原，或者说一般而言，只有在适当的条件下才会被保存下来。或许是吧，可是我们对此一无所知。我们只能坚持一个事实：在心灵里，过去事物的保存是个常态，而不是什么奇怪的例外。

如果我们愿意承认，许多人都有"浩瀚大海"的感觉，也倾向于把它归因于自我感觉的一个早期阶段，那么接下来就会有个问题：为什么有人主张说这个感觉就是对于宗教的需求的起源？

我认为这个主张没有什么说服力。一种感觉唯有自身就是某个强烈的需求的表现，它才会是个能量来源。在我看来，对于宗教的需求是源自婴儿期的无助感以及因而产生的对于父亲的渴望，这是毋庸置疑的，尤其因为这个感觉不仅仅是童年的延伸，更是一直有个对于命运威权的恐惧在支撑着。我想不出来有什么童年需求类似渴望父亲的保护那么强烈。所以说，"浩瀚大海"的感觉所扮演的角色，或许是渴

望恢复不受限制的自恋，因而浮上台面。我们可以很明确地
把宗教思想的起源追溯到孩子的无助感。或许背后还埋藏着
什么东西，但是目前它仍然隐伏在五里雾中。

　　我可以想象这个"浩瀚大海"的感觉后来是怎么和宗
教扯上关系的。它的思想内容，是和天地万物合而为一的，
这似乎是寻求宗教慰藉的第一次尝试，而另一个方法则是
拒绝承认自我在外在世界那里认识到的危及自身的危险。
我必须再次承认，要探讨这么不着边际的东西，我实在是
力不从心。我有另一个朋友，由于贪得无厌的求知欲，从
事许多光怪陆离的实验，使得他对天下事无所不知无所不
晓。他信誓旦旦地对我说，只要在瑜伽修行当中出离世间，
系念于身体的功能，以及特殊的调息法，就可以真的在心
里唤起新的感觉以及"一般感觉"（Allgemein-gefühle,
coenaesthesis）❶。他认为那是退行到古老的、被覆盖在深
处的心灵状态。他说那就是许多神秘主义的智慧的生理基
础。心灵种种莫测高深的变形的关系，诸如恍惚（Trance）
和出神（Ekstase）之类的，在这里也就可想而知了。只不过
我突然想起了席勒在《潜水者》（Der Taucher）里的诗句：

　　　　任谁在这酡红的光里呼吸，都要欢喜莫名。

---

❶ 指没有特定部位的身心感觉，又译为普通感觉。——译者注

第 二 章

拙著《一个幻觉的未来》与其说是在探讨宗教思想的深层源头，不如说是在谈论一般人所认知的宗教，探究整个教义和预言的体系。宗教一方面以让人艳羡的完备性澄清这个世界的谜题，另一方面向人保证说，无微不至的神意会保守着他的生活，并且在彼岸的存在里补偿种种可能的挫折。这种神意，一般人都只会把它想象成高高在上的父亲那样的人。只有他才知道人子们的渴望，他因为他们的求告而心软，因为他们的忏悔而息怒。整个画面显然完全是婴儿的视角而远离现实，任何熟谙人性的思考都难以想象大多数的世人居然无法摆脱这种人生观。更丢脸的是，现在大多数人明明都知道这种宗教根本站不住脚，却要以一连串掩护撤退的战事逐一为它辩护。哲学家们以为只要以非位格的、虚无缥缈的、抽象的原理取代神，就可以拯救宗教里的神，而有人或许会想要置身于信众之间，以告诫这些哲学家们："不可妄称耶和华你上帝的名。"就算以前有什么伟人这么做，你们也不可以引用他们的话作证：我们知道他们为什么不得不这么做。

我们回到一般人以及他们的宗教，唯一名副其实的宗教。我们首先看到的是一位伟大的文学家和智者的名言，谈到宗教和艺术以及科学之间的关系，他是这么说的：

> 但凡人拥有科学和艺术，
>
> 他也就拥有宗教；
>
> 但是若有人两者都没有，
>
> 那么就让他拥有宗教吧！ ❶

这句名言一方面以宗教对比于人类的两个极致成就，另一方面则主张说，就其人生价值而言，它们可以代表或

---

❶ 歌德：《箴言诗》（*Zahme Xenien*），第九章，见于《遗作诗集》（*Gedichte aus dem Nachlaß*）。

取代对方。就算我们要质疑一般人的宗教，我们也显然没有像文学家那样的权威。我们要另辟蹊径去评断他的这句话。对我们而言，人生太难了，它给了我们太多的痛苦、失望、无法解决的课题。为了忍受它，若干权宜之计是不可或缺的。〔特奥多尔·冯塔纳（Theodor Fontane, 1819—1898）[1]说，我们不能没有辅助建筑。〕这些治标的方法大概有三种：强力的转移注意力（Ablenkung，偏离、转向），使我们不再那么重视我们的苦难；替代性的满足（Ersatzbefriedigungen），它可以缓解我们的痛苦；致幻药物，使我们对它比较不敏感。这类的东西是不可免的。[2]伏尔泰在他的《老实人》（Candide）书末建议大家耕耘自己的田园[3]，他心里想的就是转移注意力；科学的活动也是这类的转移作用。

　　至于例如艺术所提供的替代性满足，则是与现实世界相反的种种幻觉，因此它的心理作用不亚于心灵里的幻想（Phantasie）所扮演的角色。致幻药物会影响我们的身

---

[1] 德国19世纪的著名作家、诗人、编辑。——译者注

[2] 威廉·布什（Wilhelm Busch）在《虔诚的海伦》（Die Fromme Helene）里以比较低俗的语气说："自古人皆知，有愁便有酒。"

[3] 原文为："'的确如此。'老实人答道，'无论如何，我们必须在我们的田园里耕种。'"——译者注

歌德画像，乔治·奥斯瓦尔德·梅／绘

伏尔泰画像，尼古拉斯·德·拉尔吉利埃 / 绘

体，改变它的化学机制。我们很难说应该把宗教摆在整个序列的哪一个位置。我们必须从头说起。

人生目的这个问题，人们已经问了无数次；他们从来没有找到满意的答案，或许根本就没有答案。有些提问者会接着说：如果结论是人生没有任何目的可言，那么它对人们就一点价值都没有了。可是这句恐吓的话并不会改变什么，人们反而似乎有权拒绝这个问题。这个问题似乎出自人的骄矜自大，它的许多其他表现方式屡见不鲜。没有人谈论动物生命的目的，除非它的定义对人们有什么用处。可是这个问题其实也站不住脚，因为许多动物对人类并没有什么用处——除了描述、分类、研究它们——甚至有无数的物种根本谈不上有研究之用，因为早在人类看到它们以前，它们就绝种了。说回来，只有宗教才知道怎么回答"生命目的是什么"的问题。所以我们大抵上可以说，生命意义的观念是落在宗教的体系里的。于是我们转向没有那么严苛的问题：我们如何从人的行为举止认识到他们的人生目的和意图，他们对于人生有什么要求，想要在一生中成就什么？这个问题的答案八九不离十：他们追求幸福，他们想变得快乐而且保持快乐。这个追求有两个面向，有正面的和负面的目标。一方面，他们想要的是没有痛苦和不快乐，另一方面则想要体验到更强烈的快感。狭义的幸福（Glück，快乐）只指涉后者。对应于目标的二分法，人的行为也会有两个方向，取决于他们想要实现（偏重或者是二择一）目标的哪一个方向。

我们注意到，人生目的其实是快乐原则的程序在决定的。这个原则自始即支配着心理机制的运作，其目的性是毋庸置疑的；可是它的程序却和整个世界格格不入，不管是宏观宇宙或是微观宇宙。这个原则根本不可行，万事万物的安排都在跟它作对。我们或许会说，人们想要"快乐"的意图并不在"造物"的计划之内。狭义的"快乐"是指尽快地满足种种积压很久的需求，它本质上只会是个暂时的现象。快乐原则所渴望的境况若是持续下去，其结果只会是一种平淡的满足感；我们天生只有在对比之下才会有强烈的快感，对于现状则往往置若罔闻。[1]因此，我们种种快乐的可能性早就受限于我们的构造，至于不快乐的感受则没有那么困难。烦恼的逼近来自三个方面，其一是来自自己的身体，它注定要衰老毁灭，就连作为其警讯的疼痛和恐惧也逃不了；其二是来自外在世界，它会以种种压倒性的、残酷无情的毁灭力量肆虐着我们；最后则是和他人的关系，源于此的烦恼或许比任何其他烦恼都更加痛彻心脾，我们习惯于把它当作无妄

---

[1] 歌德甚至劝诫说："没有比一连串的美好日子更让人难以忍受的。"这当然是个夸大之词。

之灾，但它和其他烦恼的源头一样都是命中注定的。

在种种可能的痛苦的压力下，人们难免会习惯于降低对幸福的要求，正如快乐原则在外在世界的影响下会自己转换成现实性原则——其前提是人们觉得只要可以幸免于不幸或者挨得过痛苦就算是幸福，或者"趋乐"一般而言没有"避苦"那么重要。这个思考告诉我们，人们可以就各种道路去找寻这个课题的解答；每个人生智慧的学派都会建议不同的道路，要人们信守奉行。穷奢极欲看似是最诱人的生活方式，可是那意味着只知道享乐而不知道要戒慎恐惧，不久就会自取其祸。以"避苦"为主要意图的另一种方法，则是因各自注意到的不同痛苦源头而异。有些做法很极端，有些则比较中庸；有些是片面的，有些则是分进合击直指源头。人们会选择孤独，和他人疏远，以抵挡来自人际关系的烦恼。人们发现：淡泊宁静是可以在这条道路上找到的幸福。如果人要独自解决这个问题的话，那么他就只能以某种出离的方式抵抗可怕的外在世界。当然也有其他更好的道路，作为人类社群的一分子，凭着以科学领航的技术进击大自然，使它臣服于人类的意志。于是人们同舟共济，追求全体的幸福。可是最有意思的"避苦"方法，其实是试图调节我们自己的身体。毕竟所有痛苦都只是感觉，唯有我们感觉到它，它才会存在，而我们是因为我们身体的某种构造才会感觉到它。

最残忍却也最有效的调和方法是化学的方法，也就是致幻物质。我不认为每个人都知道它的机制，但是的确有些外来物质，如果进入我们的血液和组织里，会直接使我们产生快感，可是也会改变我们的感官条件，使我们没办法接收到痛苦的刺激。这两种作用不仅是同时，也似乎是环环相扣的。可是在我们自己的化学反应里，应该也有类似作用的物质，因为我们知道至少有一种病症，也就是躁狂症（Manie），不必使用任何致幻药物就会导致类似"中毒"的行为。此外，我们正常人的心理在快感的释放（Lustentbindung）方面会有难易之分，正如对于痛苦的敏感程度也会各自不同。可惜对于心理作用的这个毒性反应，科学的研究仍然不得其门而入。种种致幻物质在趋乐避苦上面的作用一般都被认为是有帮助的，这使得不管是个人还是民族，都认为它们在原欲经济（Libidoökonomie）❶上占有一席之地。使用这类物质，我们不仅能直接获得快感，还会相当程度地脱离外在世界。我们知道，借助于"解忧物"（Sorgenbrecher，指酒），人们任何时候都可以逃脱现实世界的压力，以更好的感官体验托庇于自己的世界里。可是

---

❶ 弗洛伊德用"Ökonomie"，是要强调心理作用的"量化"和"机械化"的观点，和一般所谓的"经济"无关。——译者注

大家也都心知肚明，致幻物质的这种性质也有它们的危险性及有害性。在某些情况下，它们会让人浪掷原本可以用来改善人类命运的大量精力。

然而，我们心理机制的复杂结构也容许许多其他影响的方法。正如驱力的满足是一种快感，如果外在世界使我们必须忍饥挨饿，拒绝满足我们的需求，那么我们在追求满足时也会招致沉重的烦恼。于是，有人会想要通过调节本能冲动以解脱一部分的烦恼。这种消解烦恼的方式不再是针对感官，而是试图掌握种种需求的内在源头。在更极端的方式里，人会压抑驱力，就像东方哲人的学说以及瑜伽的修行。如果人们做得到，他当然也会舍弃所有其他俗务（奉献他的生命）而走上另一条道路，于是他会获得宁静的快乐。我们在同一条道路上也可以不那么极端，只要驾驭驱力就行了。那么这个驾驭者就是更高的心理权威机构（Instanzen），它早就臣服于现实性原则。然而在这种情况下，满足需求的意图并没有被舍弃，仍然保留了若干对治烦恼的方法，而被局限在从属地位的驱力就算没有得到满足，也不会像在驱力不受任何约束的情况下那么痛苦。在对治这个烦恼时，不可否认会损失许多欢悦的可能性。满足一个狂放不羁的、不受自我约束的驱力冲动时的快感，要比满足一个被驯服了的驱力时的快感强烈得多。变态的驱力难以抗拒，

或许是所有禁忌事物的吸引力，在这里都找得到一个经济
（ökonomisch）的解释。

　　另一个避苦的技巧是采用原欲的转移（Libidover-
schiebung），那是我们的心理机制所允许的，由此它
的功能可以更加灵活轻捷。我们要解决的课题是转移驱
力的目标，让它不至于被外在世界拒绝。驱力的升华
（Sublimierung）于此也可以作为奥援。如果人们知道能
在心理和知识的工作源头那里获得足够的快乐，他就会越
加怡然自得。若是如此，命运就再也没办法那么捉弄人了。
这类的满足，例如艺术家在创作当中把他的想象具象化，或
者是科学家在解答难题、认识真理，都有种特别的性质，我
们有一天应该可以用超心理学（Metapsy-chologisch）的
观念去描述它。可是眼下我们只能以比喻的方式说，它似乎
是"更细腻且更高级"的东西，相较于粗糙的、原始的本能
冲动，它的强度便相形见绌，它不会撼动我们的身体存在
（Leiblichkeit）。可是这个方法的缺点在于它没办法一体
适用，只有某些人才做得到。这样的人必须拥有非一般人所
能及的特别气质和天赋。且就算对于这些少数人而言，这个
方法也不一定可以让他们完全免于烦恼，它并没有让人穿上
坚不可摧的甲胄以抵挡命运的飞矢，而每当自己的身体就是

烦恼的源头时，它也往往会失效。❶

　　如果说这个方法已经明白透露了想要在内心的心理历程里追求满足而摆脱外在世界的意图，那么在下一个程序里，这个特征会更加凸显。这个程序和现实世界的关系会更加淡薄，而从种种幻觉那里获得满足；人们会认识到幻觉本身，而不会因为它偏离了实在世界而妨碍了它的欢悦。想象的世界是产生幻觉的区域；就在现实感渐渐成形之际，这个区域显然豁免于现实的检验，它的作用就是要满足种种难以实现的愿望。这种通过想象而获得的满足，莫过于艺术工作当中的欢悦，而就算是自己并没有创造力的人们，也可以领略

---

❶ 如果人不是天赋异禀而特别被指定了生命兴趣的方向，每个人都可以依据伏尔泰的聪明建议选择一般的职业。我们没办法在有限的篇幅里充分讨论为了原欲经济而劳动的重要意义。没有任何生活的艺术比强调劳动更让人贴近现实的；因为他的劳动至少使他在现实世界、在人类共同体里占有一个安稳的地位。它可以把大量的原欲元素，不管是自恋的、攻击性的甚或是爱欲的，都转移到职业上或是和他有关的人际关系上，这使得它拥有一个完全不亚于社会生活的保存和正当化的价值。职业行为是个特殊满足的来源（如果它是自由选择的话），也就是说，通过升华，它让人可以利用既有的倾向、持存的或不断增强的驱力冲动。然而，作为幸福的道路，人们并不那么重视劳动。人们不像追求其他满足那样渴望劳动。大多数人只在生计的压力下才会劳动，而人天生对于劳动的反感也导致了最严重的社会问题。

到这种以艺术家为中介的欢悦。❶只要人感受得到艺术的影响，他都会把它推崇为快乐的源头和生命的慰藉。但是即使艺术使我们陷入轻微的麻醉状态，那也只是暂时脱离生活的种种困厄，没有强烈到使我们忘却现实的苦难。

　　还有另一个更激烈且根本的方法，即把现实世界视为唯一的敌人以及所有烦恼的源头。这个源头会让人活不下去，所以说，如果人想要彻底离苦得乐，就必须舍弃所有关系。遁世者厌离这个世界，不想和它有什么牵扯。可是人的方法不止于此，他可以改造世界，打造另一个世界，消除所有让人难以忍受的特征，以符合自己愿望的特征取而代之。但是任何人不顾一切地反抗世界、走上这条追求幸福的道路，到头来往往一无所获。对他而言，现实世界太强大了。他会变成一个疯子，在坚持自己的妄想时，没有任何人可以帮助他。可是有人主张说，我们每个人在某个方面的行为举止都会类似于妄想狂（Paranoiker），他会形构一个愿望以矫正世界里让他受不了的层面，并且把这个妄想导入现实世界。

----

❶ 参见《关于灵异事件两大原则的表述》（*Formulierungen über die zwei Prinzipien des psychischen Geschehens*，1911），见于《弗洛伊德作品全集》（Ges. Schriften），第6卷；以及《精神分析入门讲座》（*Vorlesungen zur Einführung in die Psychoanalyse*），第23讲，见于《弗洛伊德作品全集》，第7卷。

大多数人会试图以妄想改变现实世界，借此趋乐避苦，这是值得我们深思的。我们也应该把人类的所有宗教都定调为这类的集体妄想。

我不认为我完整罗列了所有趋乐避苦的方法，我也知道有其他分类的方法。其中有个程序我没有提到——不是我忘了，而是因为我们在其他脉络下会探讨到它。而且人怎么可能忘记这个生活艺术的方法！它的特点正是所有特征极其荒诞的聚合。它当然也努力要挣脱命运的摆布（我们最多只能这么说），为此它利用上述的原欲的可转移性，转向内在心理历程的满足，可是它并没有舍弃外在世界，相反，它会保持它的客体，在和客体的情绪关系里获得快乐。而它也不会满足于"避苦"这种厌世的目标，它对这种心态不屑一顾，反倒天真而热情地追求积极地实现幸福。或许它其实比任何其他方法都更接近这个目标。我说的当然是那种人生取向，它以爱为中心，盼望在爱和被爱当中得到满足。我们大家当然都对于这种心理态度知之甚详：爱的其中一种表现形式，也就是性爱，那是让人神魂颠倒的快感的极致体验，可以说是追求快乐的一种模范。我们在这条道路上第一次遇见这种快乐后，还有什么比执着于此更自然的事呢？这个生活技巧的缺点也是显而易见的，要不然人们也不会舍弃这条追求幸福的道路而另辟蹊径了。其缺点就是陷入情网的人对于痛苦最没有抵抗力，也没有比失去所爱的对象或是失去它对我们的爱更无助而不幸的。可是以爱的快乐价值为基础的生活技巧并不能就此盖棺论定，我们还有很多要探讨的。

接着我们可以提到一个有趣的情况，也就是在美的欢悦里找寻人生幸福，不管是呈现在我们的感官或是判断力前面的美，还是人类的形象和姿态的美、自然事物和风景的美、艺术和科学创作的美。这个对人生目标的美感态度，对于痛苦的威胁没有什么招架之力，却可以让许多人得到补偿。美的欢悦有一种让人心醉神迷的特殊感觉。美并没有什么明确的用处，人们看不出来它在文明里的必要性，可是文明不能没有它。美学研究我们在什么条件下会感觉到事物是美的，但是它一直无法解释美的本性和起源，于是只会以高亢而空洞的说法掩饰它的徒劳无功。可惜精神分析对于美这种东西更是只字不提。我们唯一确定的是，它衍生自性爱感觉的领域。它似乎是压抑了目的（Zielgehemmt）的冲动。"美"和"魅力"原本都是性爱对象的属性。值得注意的是，性器本身，人在看到它的时候，总是会很兴奋，可是不会认为它是美的，相反地，某些第二性征才被认为具有美的性质。

尽管不是很完备，我还是想就我们的研究作一个结语。快乐原则促使我们产生快感的整个程序是不可能完成的，可是我们不应该也不可能放弃想办法完成它的意图。我们可以选择任何一条天差地远的道路，或者是着重于目标的积极面向，也就是趋乐；或者是它的消极面向，也就是避苦。可是没有任何一条道路可以让我们得到我们欲求的东西。在我们认为可行而打了折扣的意义下的快乐，是个人原欲经济的问题。我们并没有可以一体适用的建议，每个人都必须自己去找寻属于他的幸福道路。形形色色的因素都在支配着他的选择。重点在于他可以期待从外在世界那里得到多少真正的满足，他可以摆脱它的束缚到什么程度，以及他觉得自己有多少力量可以依据他的愿望去改变世界。撇开外在环境不说，个人的心理素质也扮演着决定性的角色。性欲强的人会重视和他人的情绪关系，自得其乐的自恋者会在他的内在心理历程里找寻满足，行动派的人不会放弃可以用来测试其力量的外在世界。在这些类型之间摇摆不定的人，他的天赋种类以及对他而言可能的驱力升华则会决定他的兴趣方向。如果他选择的生活技巧短绠汲深，那么任何极端的决定都会使个人自取其祸。正如谨慎的生意人不会把所有鸡蛋都放在同一只篮子里，或许人生的智慧也会告诉我们：不要期望在单一的抱负里获得所有的满足。没有人敢说他一定成功，它取决于许多因素的因缘际会，或许仅仅取决于心理素质是否有能力调整其功能以适应环境并且利用环境获得快乐。但凡人天生拥有一种特别不利的驱力构造，且没有确实完成对于日后的功能而言不可或缺的原欲元素的改造和重组，他就难以在外在境况里获得快乐，特别是当他眼前的处境比较艰难的时候。作为一种至少可以让他得到替代性满足的、万不得已的生活技巧，他可以选择逃遁到精神官能症里，他往往在年轻的时候就这么做过。当人日后在追寻快乐时遭遇到挫折，他会以长期酗酒的快乐作为慰藉，或者会表现出可见于精神病的绝望叛逆行为。

宗教妨碍了这种选择和调适的表现，因为它一视同仁地要求人们遵循它的趋乐避苦的道路。它的手段在于贬低生命的价值，以妄想的方式扭曲现实世界的形象，其预设是要怖畏、恫吓人的理性。宗教强迫人们固着（Fixierung）于一种心理幼稚症（Psychologischer Infantilismus），把人们拉进一种集体妄想（Massen-wahn）里，以此为代价而让许多人不至于罹患个人的精神病，但是也仅止于此。如前所述，人可以有许多追寻幸福的道路，但是没有一条道路可以保证到达目的地，就连宗教也没办法信守它的承诺。如果一个信徒到头来不得不说神的"判断何其难测"❶，那么他就是承认了唯有无条件的顺服才是他在苦难当中最终的可能慰藉和快乐来源。而如果他准备这么做，或许他再也不必选择什么迂回的道路。

---

❶ 出自《罗马书》（*Romans*）11章33节。——译者注

第 三 章

　　我们关于幸福的探究至今谈的多半是路人皆知的事。就算我们接着问为什么人们要快乐这么困难，似乎也不会有什么让人耳目一新的答案。当指出痛苦的三个源头时，我们就已经回答了上面的问题：自然的不可抗力；我们自己身体的脆弱；以及用以规范家庭、国家和社会里人际关系的种种体制的不完备。就前两者而言，我们的判断不会迟疑太久。它会迫使我们承认这两种痛苦，而屈服于那不可抗的力量。我们永远都没办法完全支配自然，我们的生命体本身就是自然的一部分，它永远是个朝生暮死的身体构造，不管在适应和功能上都有其局限。认识到这点并不会让人颓然兴叹，正好相反，它会为我们的行动指引方向。就算我们无法摆脱所有痛苦，我们至少可以消除某些痛苦，减轻某些痛苦，数千年的经验让我们对此深信不疑。至于第三种痛苦，社会方面的痛苦源头，我们的态度就不一样了。我们根本就不把它当一回事，也不明白为什么我们创造出来的体制没办法保护且造福所有人。然而，如果我们想到这个方面的痛苦怎么躲也躲不掉的话，那么我们或许会猜想它背后是否还隐藏着另一种痛苦，这次则是我们自身的心理构造的问题。

我们在思考这个可能性时，遇到一个让人瞠目结舌的主张，而不得不想要驻足一探究竟。有人主张说，我们所谓的文明要为我们的苦难负很大的责任，如果我们舍弃它而回到原始状态，应该会幸福很多。我之所以说它令人咋舌，那是因为不管"文明"一词如何定义，我们还是认为所有试图防范来自痛苦的威胁的举措都是文明的一部分。

为什么有那么多人抱持着这种仇视文明的奇怪立场呢？我认为其基础是对于既存文明的一种深层的、存在已久的不满，有时是由于某些特定的历史事件才会这么定罪它。我想我们都知道最近两次事件是什么。碍于学识所限，我没办法把整个因果关系追溯到人类历史的某个地方。光是基督教战胜所有外邦人宗教的这个历史事件，就有这种仇视文明的成分在里头，因为它和基督教的信理里贬抑俗世生活的倾向脱不了关系。倒数第二次事件，是指人类在探险旅行当中和原始民族以及部落的接触。在有限的观察以及对他们的伦理和习俗的误解下，他们在欧洲人眼里似乎过着一种淳朴的、少欲知足的幸福生活，那是这些文明程度更高的访客难望其项背的。后来更多的经验则修正了这类的判断：在许多例子里，观察者看到他们的生活闲适惬意，而误以为那是因为他们没有那么复杂的文明需求，但是其实是因为他们天性的慷慨大方和懒散。至于上一次的事件，我们尤其感同身受；那就是我们开始认识到精神官能症的机制，它有可能侵蚀掉文明人仅存的一点幸福。我们发现，人之所以会罹患精神官能症，是因为他无法承受社会基于文明的理想而加诸他身上的挫折，我们也由此推论说，若是放弃或是减少这些要求，人就会重拾种种快乐的可能性。

人们还有另一个失望的因素。在以前的世代里，自然科学以及它在科技上的应用上突飞猛进，人类也以从前难以想象的方式支配自然。我们对于人类所有的进步都如数家珍，不必一一列举。人们对于这些成就相当自豪，他们也有骄傲的权利。可是人们似乎观察到，他们总算可以掌握时间和空间，数千年来人类征服自然力量的渴望终于实现，而他们所期望的生活的舒适惬意也都成真，但是那并没有让他们觉得更快乐一点。我们认识到了这个事实，应该就可以推论说，对于自然的支配力量并不是人类幸福的唯一条件，也不是文明所要努力达到的唯一目标；但是我们不会因而就推论说，科技的进步对于我们的幸福的经济没有任何价值可言。有人会反驳说，这难道不算是一种积极的趋乐，一种快感的明确增长吗？比如我可以时常听到住在几百公里外的孩子的声音；比如我可以在最短的时间内知悉一个朋友辛苦地漂洋过海而终于上岸了；比如医药大幅降低了婴儿的死亡率以及产妇的感染危险，并且把文明人的平均寿命延长了好几年。在这个备受非议的科学和科技进步的年代，我们受惠于它的福祉不胜枚举——可是悲观主义的批评依然时有所闻，它警告人们说，这种满足大部分都只是沿袭在若干轶事里被歌颂的"廉价享受"的模式。只要在寒冷的冬夜里把没穿袜子的脚伸出被子然后再缩进来，人们就会得到这种快感。要不是铁路征服了距离，孩子也不会离乡背井，人们也不必打电话才听得到他们的声音。要不是人们可以搭船渡海，我的朋友也不会航行海洋，我也不必凭着电报才平息对他的担忧。如果说婴儿的死亡率是限制我们生儿育女的数量的主要方法，那么我们为什么要降低它呢？整体而言，我们抚养子女的数量并不必比卫生条件不及我们的时代更多，然而我们在婚姻里的性爱却是每况愈下，而且有可能违背了天择的好意。如果生活艰困，毫无乐趣，而且充满痛苦烦恼，死亡反而可能是我们夹道欢迎的救世主，那么人活那么久要做什么呢？

我们似乎可以确定我们在现在的文明里并不快乐，可是我们也说不上来以前的人们是否觉得更快乐或者有多么快乐，以及他们的文明条件在这方面到底扮演什么样的角色。我们大抵上习惯于客观地理解他人的不幸，以我们自己的种种渴求和感受融入那些境况，设身处地思考是什么使他们感到快乐和痛苦的。这种观察事物的方法看似客观，其实忽略了种种主观感受，它其实再主观不过了，因为它不管他人的心理状态是什么，就以自己的心理状态取代了它。然而快乐其实是很主观的东西。或许有些人的境遇把我们吓坏了，例如古代橹舰上划桨的奴隶、三十年战争❶时代的农民、宗教裁判所的受害者、遭到大屠杀的犹太人，可是我们是不可能同理这些人的，也没办法想象由于天生的迟钝、日积月累的疲劳昏沉、期望的心态以及比较简陋或严谨的麻醉方法，会导致对于快乐和痛苦的感受力的改变。其次，在极端痛苦的情况下，人会启动特别的心理防御机制。我觉得往下探究这

---

❶ 指1618—1648年发生在欧洲多国之间的混战。由于哈布斯堡王朝统治下的皇权衰微，诸侯割据引发内战，进而形成"新教联盟"和"天主教联盟"，欧洲主要国家纷纷卷入，最终哈布斯堡王朝战败并签订了《威斯特伐利亚合约》。——译者注

《士兵洗劫农庄》展现了三十年战争期间农民的遭遇，塞巴斯蒂安·弗兰克斯 / 绘

《宗教裁判所》，弗朗西斯科·戈雅 / 绘

个问题并不会有太多的收获。

现在我们要关切的是文明的本质，尤其是因为我们刚才质疑文明在追求幸福方面的价值。我们不会要求对于其本质一言以蔽之的说法，而是在探究的过程当中认识它。现在我们只需要再一次说，"文明"指的是种种成就和惯例的总和，我们据此而有别于我们的动物祖先；而且文明满足两个目的：保护人们对抗自然，以及规范人们的相互关系。若要更深入地认识它，我们就要个别地搜寻文明表现在人类社群里的种种特征。我们会不假思索地依据语言的用法，或者说语感，相信我们可以正确处置那些无法以抽象语词描述的内在洞见。

先说简单的。任何有助于我们利用地球以对抗自然力量之支配的行为和资源，我们都承认它们是文明的事物。文明的这个面向是毋庸置疑的。如果接着回溯，我们会看到最早的文明行为是使用工具、驯服火以及建造屋舍。其中驯服了火更是相当特别而史无前例的成就，❶而人类开辟的其他

---

❶ 尽管精神分析的数据不是很充足，也没办法清楚解析它们，不过我们还是可以据此（相当合理地）猜测这个人类盛事的起源。当原始人接触到火的时候，他们就习惯把婴儿期欲望的满足和它联结在一起。我们拥有的传说里的原始观点显然是把向上蹿起的火舌当作阳具。撒尿把火浇熄——斯威夫特（Jonathan Swift）所著

道路及其诱因也不难猜想得到。人以他所有的工具使他的器官——不管是运动器官或是感觉器官——臻于完美，或是解除它们在功能上的限制。发动机为他提供巨大的力量，让他如臂使指，有如肌肉一般挥洒自如；有了船舶和飞行器，江河海洋或是天空都无法阻挡他的移动；有了眼镜，人就可以矫正他的眼睛的水晶体的缺陷；有了望远镜，他可以看到远方的事物；凭着显微镜，人可以克服他的视网膜结构被划定的能见度；创造了照相机这种工具，他就可以捕捉到稍纵即逝的视觉印象，正如唱片为他保存了弹指之间的听觉印象，这两者都是他天生的记忆和回忆能力的物质化；有了电话之助，他可以听到远方的声音，那对他而言曾是童话一般遥不可及的事；书写本身原本就是一个不在场的人的语言；屋舍是母亲子宫的替代物，那是人们第一个、或许是一直渴望的

《格列佛游记》中的"小人国"（Lilliput），以及拉伯雷（François Rabelais）的《巨人传》（*La vie de Gargantua et de Pantagruel*）都可以回溯到这个主题——因此就像是一个男人的性行为，或是同性之间的竞赛时男性雄风的享受。谁可以放弃欲望而不浇熄它，就可以把火拿走并且使用它。他抑制自己性冲动的火舌，也就意味着驯服了火的自然力量。所以说，这个伟大的文明征服是放弃驱力的回报。其次，人们指派一个女性去看守家里炉灶圈起来的火，她会因为生理构造而没办法抵抗这种欲望的诱惑，道理也是一样的。值得注意的是，精神分析一再证实了野心、火和尿道性兴奋（Harnerotik）之间的关联性。

栖所，在那里，人会感到安全、舒适而惬意。

人凭着科学和技术而在地球上创造出这些东西。原本在地球上，他只是个脆弱的动物生命体，他这个物种的每个个体都必须以一个无助的婴儿形象来到地球上（"唉，你这个可怜的小家伙"❶），这些东西不仅仅听起来宛如童话一般，它们其实就是所有——不，应该是大部分的——童话愿望的实现。所有这些财富，人们都可以把它们叫作文明的效益。自古以来，人就构建了一个全知全能的理想的想象，这个想象就体现在他们的诸神身上。他们把无法实现的（或是被禁止的）愿望都寄托在诸神那里。因此我们可以说，这些诸神是文明的理想。而今人们的理想差不多都要实现了，他自己也就要变成神了。当然，理想是否实现，通常是依据人类的一般性判断。如果没有完成，在某些剧本里或许是一无所获，而在其他剧本里则可能是半途而废。人成了所谓"义肢神"，当他接上所有辅助器官，他真的就变得不可一世，可是那些器官并没有和他连生在一起，有时候反而成了累

---

❶ 弗洛伊德认为这句话出自莎士比亚的《泰尔亲王配力克里斯》（*Pericles, Prince of Tyre*），此作中有类似的语句（"这小东西太稚弱了"），但没有完全一致的句子。据考证，这句话的实际出处是乔治·威尔金斯（George Wilkins）的小说《泰尔亲王配力克里斯的痛苦历险》（*The Painful Adventures of Pericles, Prince of Tyre*）。——译者注

赘。不管怎样，他可以合理地安慰自己说，在1930年的当下，这个发展还没有走到尽头。未来在这个文明领域还会有不可思议的卓越进步，似神性（Gottähnlichkeit）的程度也会更上层楼。可是就研究旨趣而言，我们不要忘了，即使现在的人与神相似，他也并不觉得快乐。

因此，如果一个国家里，人们习惯使用所有事物以协助人们在地球上开物成务，并且保护人们对抗大自然的力量——简言之，一切都可以为人们所用——那么我们就会说那个国家的文明程度很高。在这样的国家里，如有泛滥成灾之虞的河流，人们会加以疏浚，开凿沟渠把河水引到干旱的地区。他们会深耕易耨，种植适合养活他们的作物。他们会勤奋地开采矿产，铸造成种种工具和器皿。交通工具数不胜数，既快速又安全可靠，危险的野生动物濒临绝种，家畜品种层出不穷。可是我们对于文明还有其他要求，而且值得注意的是，我们就是期待在这样的国家里实现其他要求。就算我们或许会想要否认自己提出的第一个要求，但是看到别人如何认真投入那些看似没有实用价值的事物、没有任何用处的东西，我们也会欣然接受那就是文明的特征，例如说，在城市里作为游乐场和城市之肺的公园绿地上栽种花圃，或者是在住家窗台上摆设盆栽。我们很快就发现，我们认为文明应该珍惜的那个没有用的东西就是美。我们期望文明人在大自然里和美相遇的时候可以赞叹它，并且尽其所能在他的手工艺里创造美。我们对于文明的要求似乎永不穷竭。此外我们也期待看到种种整齐清洁和秩序的表现。莎士比亚时代英国乡镇的文明程度让我们有点不敢恭维，比如当我们读到他说父亲在斯特拉福德（Stratford）的屋子外有一大坨排泄物的时候；我们在维也纳森林小径看见到处丢弃的废纸，会忿忿然大骂那些人真是"野蛮"，而野蛮正好和文明是对立的。任何形式的脏乱对我们而言都是和文明不相容的。我们也会把对于整洁的要求扩及于人类身体。太阳王（Roi Soleil）路易十四的身体居然会发出恶臭，我们听了应该都会瞠目结舌；而当我们看到拿破仑在贝拉岛（Isola Bella）早上如厕时的小洗脸盆，也会大摇其头。的确，如果直接把使用肥皂的习惯当作文明的评量标准，我们也不会太讶异。可是尽管我们没办法期待大自然也那么整齐清洁，却可以侧耳聆听到大自然的秩序；我们观察到天文学上叹为观止的规律性，它不只为人类提供把秩序导入生活的模型，也是其第一个支点。秩序是一种强迫性重复（Wiederholungszwang），当某个规范尘埃落定，秩序便决定了某个行为的时机、场合和方式，使得人们在类似的情况下省去了犹豫和摇摆不定。秩序的好处是不可否认的，它让人们可以充分利用时间和空间，又可以保存他的种种心理力量。我们应该有理由期待秩序一开始就自然而然地存在于人的行动里；如果不是这样，我们才要惊讶吧——如果人类在工作的时候表现出天生的漫不经心、反复无常和不可靠，那他必须接受辛苦的训练，以便效法天体秩序这个榜样。

美、整洁和秩序显然在文明的种种要求当中占有相当特殊的地位。我们不会说它们像支配自然力量，以及其他我们必须认识的因素那样在生活里不可或缺，但是也没有人认为它们只是无关紧要的东西而弃之不顾。我们不能仅仅就实用层面去思考文明，美就是其中一个例子，我们也不想在文明的种种需求当中忽略了它。秩序的用处显而易见；至于整洁，我们要想到我们也有卫生的需求，也可以猜想到，在预防医学兴起之前的时代里，人们对于两者的关联性并不陌生。然而实用性并不能完全解释人的所有追寻，应该还涉及其他因素。

然而，我们认为文明的特征莫过于它对于层次更高的心理活动的重视和鼓励，也就是知识的、科学的、艺术的成就，以及它赋予"思想"在人类生活中的领袖角色。在这些思想里，宗教体系应当居首位，我在其他地方已经试图说明过它错综复杂的结构。其次则是哲学思辨；最后则可以说是人们的理想，以及他们对于个人、民族和整体人类可能的尽善尽美的种种想象，以及基于这些想象而提出的要求。这些创造物并不是互不相属的，而是紧密交织在一起，这使得我们在描述它们及其心理衍生物的时候特别困难。如果我们概括性地假设说，人类所有行为的动机都在于追寻以下两个殊途同归的目标，也就是实用性和获得快乐，那么我们就应该假定上述的文明的种种表现也是如此，虽然只有在科学和艺术的活动上才显而易见。但是我们不能怀疑其他行为可能也在呼应人的强烈需求，尽管可能是少数人才有的需求。我们也不应该被任何对于个别的宗教或哲学体系以及这个理想的价值判断误导了。不管认为它们是人类思想的极致成就或者痛惜它们误入歧途，我们都必须承认，它们的存在，特别是它们的风行草偃，都意味着一个文明的高度发展。

　　文明最后一个特征，当然也相当重要而值得我们思考一下，那就是人们的相互关系、社会性关系，是如何被加以规范的，不管是作为邻人、助手、彼此的性爱对象、家庭成员或是国民。我们在这里特别难以撇开个别的理想要求而概括性地探讨文明本身，也许我们首先可以说明一下，文明因素的粉墨登场就是试图初步地规范这些社会关系。如果没有这些尝试，那么这些关系就会沦为个人的恣意：也就是说身体比较强壮的人可以基于自身的利益和驱力冲动去决定它们。如果这个强者遇到更强的人，情况也是一样。唯有多数人聚在一起，团结起来，才能比任何个人都更强大，才可以对抗任何个人，人类的共同生活才有可能存在。于是，这个共同体的力量作为一种"权利"得以建立，与被指责为"凶残野蛮的力量"对立。以一个共同体的力量取代个人的力量，是文明决定性的一大步。它的本质在于共同体的成员自我约束其种种可能的满足，而个人则视这些约束为无物。因此，文明的第一个要求就是正义，也就是保证既定的法律秩序不会因为一己之私而被破坏。这里并不是说这样的法律具有什么伦理价值。文明演进的下一步似乎就是致力于让这种法律不再是一小群人——种姓、社会阶层或是种族——的意志表现，相对于其他范围更大的群众，这一小群人的行为宛如另一种暴力的个人。一个法律的实际效果应该是使所有人（至少是有社会能力的人）捐弃其驱力而贡献一己之力，不要让任何人——除了少数例外——沦为残忍暴力的受害者。

个人的自由并不是文明的财富。在任何文明产生之前，人才是最自由的，尽管大多时候没有什么价值，因为个人几乎不必捍卫它。由于文明的演进，自由遭受种种限制，而正义要求每个人都不应该豁免于那些限制。在一个人类共同体里，对于自由的渴望或许是要对抗某种既存的不义，而且到头来也有助于文明接下来的演进，因而可以和文明和平共处。可是这个渴望也可能是源自拒绝被文明驯服的原始人格的残余物，因而成为对于文明的敌意的基础。因此，对于自由的渴望是要反抗特定的文明形式和主张，或者是反抗文明本身的。人似乎不会因为某个影响而把他的天性变成一只白蚁的天性，他会一再捍卫他对于个人自由的主张而反抗大众的意志。人类的种种拉扯角力，大部分是为了在个人的主张以及大众的文明主张之间找到实用性的（也就是可以获得幸福的）平衡。特定的文明形式是否可以获致这样的平衡，或者说这个冲突是否无法调停，这是个攸关人类命运的问题。

我们会让我们的共同感受去决定人类生活的哪个特征是文明的，我们对于文明的整体观念有个清晰的印象，当然起初那些都是大家熟悉的东西。我们同时也小心不要落入成见当中，以为文明和完美化是同义词，是为人类预定了走向完美的道路。可是现在有个或许会另辟蹊径的观点涌上我们心头。我们觉得文明的演进是只在人类身上进行的独特历程，有些人或许会觉得其中的一些事情似曾相识。我们可以把这些变化模拟为我们熟悉的人类驱力天性，而它的满足则是我们人生的经济课题。有些驱力会被消耗殆尽，而在个体当中出现了所谓的性格特质取而代之。我们在青少年的肛门情欲（Analerotik）那里看到了这个历程最引人注目的例证。他们原本对于排泄功能、它的器官和产物的兴趣，随着成长而蜕变成我们都很熟悉的一群特质，我们知道它们是对于秩序和整洁的癖好，原本是有价值而欣然可喜的特质，却

骎骎然演变成所谓的肛门期性格（Anal-charakter）。我们
不知道何以至此，但是这个发现的正确性是毋庸置疑的。❶
我们发现秩序和整洁是文明的基本要求，尽管它们在生活的
需求上不是很明确，我们也不知道它们是否算得上欢悦的来
源。在这里，我们不由得想到文明历程和个人的原欲发展
之间的相似性。其他的驱力也可以转移其满足的条件，找
到其他道路。在大多数的情况下，这个历程和我们大家都
熟知的（驱力目标的）升华过程殊途同归，有些情况则是
它的分支。驱力的升华首先是文明演进特别显著的特征，
其次，它促使层次更高的心理活动——科学、艺术和意识形
态——在文明世界里扮演举足轻重的角色。如果我们屈从于
第一印象，就应该会试图说升华本身是完全被文明摆布的
驱力变化。可是我们最好再思考一下。再次，也是最重要
的，我们不要忘了，文明大抵上是奠基于驱力的放弃，它是
以强大的驱力的不满足［压抑（Unterdrückung）、潜抑
（Verdrängung）或其他什么手段］为前提的。这个"文
明的挫折"（Kulturversagung）支配着人类社会关系的领
域，我们已经知道它就是所有文明都要面对的敌意的原因。

---

❶ 参见《性格与肛欲》（*Charakter und Analerotik*, 1908年），见于《弗
洛伊德作品全集》，第5卷；另参见琼斯（E.Jones）等人的论文。

它也会对我们的科学研究提出严苛的要求，我们在这里必须详加说明。我们会难以理解人们怎么可能会拒绝满足驱力。而且，那么做也不是没有风险的。如果这个损失没有在经济上得到补偿，我们可以很确定，严重的病症就会接踵而至。

但是如果我们想要知道，把文明演进理解为一种类似于个人正常的成熟的特殊历程，这种看法到底有什么价值，那么我们显然应该探讨另一个问题，文明演进的起源受到什么影响，它是如何兴起的，以及它的进程是由什么东西决定的。

第　四　章

　　这个任务似乎很艰巨，在面对它的时候，人难免会望洋
兴叹。以下是我所能提出的若干臆断。

　　在原始人发现他们可以凭着双手劳动以改善他们在地
球上的际遇时，其他人是否要和他合作或者和他作对，那就
不再是无关紧要的事了。对他而言，他人具备合作伙伴的价
值，和他人共同生活是有帮助的事。在更早以前，在类人猿
的史前时代，他们就有组成家庭的习俗。家庭的成员或许是
他们的第一个助手。或许家庭的组成和以下的因素有关，那
就是对于性器满足的需求再也没办法像客人一样突然造访，

离开之后又杳无音信，而必须像长期房客一样安顿下来。为此，男性就有了在身边拥有一个女性的动机，或者一般性地说，他的性爱对象；至于不想和她们无助的孩子分开的女性们，在这个利害关系当中也应该会和更强壮的男性在一起。❶在这样的原始家庭里，我们还看不到文明的一个基本

---

❶ 性爱过程的生物周期性固然一直存在着，可是它对于心理的性快感的作用却完全不同。这个变化很可能和嗅觉刺激的减少有关，而因此月经周期也对男性心理造成了影响。视觉刺激取代了嗅觉刺激的角色，相对于周期性的嗅觉刺激，视觉刺激的效果持续得比较久。月经的禁忌衍生自"器官性的潜抑"（Organische Verdrängung），是在防止已经被克服的一个发展阶段。所有其他动机很可能都只是第二性的［参见戴利（C.D.Daly）：《印度神话与阉割情结》（Hindu-mythologie und Kastrationskomplex），第13章，1927年］。如果某个被取代的文明时期里的诸神变成了魔鬼的话，这个过程会在另一个层次上重复出现。然而，嗅觉刺激的降低本身似乎是人脱离了土地的结果，即他决定直立行走的结果，而这使得他以前藏起来的性器官暴露在外而需要保护，于是在他心里唤起了羞耻感。所以说，文明的命中注定的历程就是以人的直立行走为起点的。自此一连串的事件接踵而来，从对于嗅觉刺激的贬抑、月经期的隔离，一直到视觉刺激的独占鳌头、性器官的露出、性快感的连续性、家庭的组成，进而来到人类文明的大门口。这只是个理论的臆测，可是它相当重要，值得我们仔细研究和人类亲缘关系比较近的动物的生活情况——在讲究整洁的文明趋势里显然也有个社会因素，我们固然可以事后诸葛地以卫生的考虑证明它，可是它在这个看法之前就表现出来了，其中必定有个社会性的环节。对于整洁的冲动和想要扫除让感官知

特征——族长和父亲的恣意专断是没有任何限制的。在《图腾与禁忌》里，我试图指出从家庭演变到以兄弟会为形式的团体生活的那条道路。在父亲的威权之下，儿子体验到团结的力量比个人更强大。图腾的文明奠基于儿子们为了支撑一个新状态的相互限制。图腾的规定是最早的"法律"。人类的共同生活因而有两个基础，其一是因为外在的困境（匮乏）而不得不劳动；其二则是爱的力量，它使男人不想失去他的性爱对象，也就是女人，而女人也不想失去从她的身体

觉相当不愉快的排泄物的强迫性冲动是一致的。我们知道在婴儿室内的情况大不相同，小孩子不会对排泄物感到厌恶。他们认为它是身体的一部分，是从身体里出来的，因而很重视它。在这点上，教养特别加速了这个发展过程，让他把排泄物当作没有价值的、恶心的、讨厌的、下流的东西。若不是这个从身体脱离的物质因为其气味而被判处和人类因为直立行走而减少的味觉刺激一样的命运，就不会有这样的价值翻转。因此，肛门性欲是第一个遭到"器官性潜抑"的，也为文明铺了路。促使肛门性欲进一步转型的社会性因素，可见于一种情况，那就是尽管人类不断地进步，他很少会觉得自己的排泄物臭不可闻，而只会讨厌别人的排泄物。所以说，一个不干净的人，也就是没有把排泄物擦干净的人，会让人很讨厌，那意味着他没有考虑到别人，我们从最难听而常见的脏话就看得到这点。我们也会难以理解为什么狗明明是人类最忠实的朋友，却被用来当作骂人的词语，如果狗不是因为拥有两种性质而让人厌恶的话，那就是因为它是以嗅觉为主的动物，而且不会讨厌排泄物，此外它也不觉得自己的性功能是什么羞耻的东西。

里分娩出来的孩子。爱神（Eros）和阿南刻（Ananke）❶也成了人类文明的双亲。第一个文明成就，是就算人数再多也可以一起生活在共同体中。而且既然这两股巨大的力量携手合作，人们或许会以为接下来的文明演进会水到渠成，对于外在世界的支配更加得心应手，共同体里的人数也不断扩大。人们很难想象这个文明为什么会让它的成员不快乐。

在我们探讨某个障碍的源头之前，既然认识到爱是文明的基石，我们不妨离题一下以补充上面的论述。我们说过，性爱（性器的爱）赋予人最强烈的满足感，它其实就是所有快乐的蓝本。当人认识到这点，他就应该知道要在性爱关系的领域里继续追寻人生里的快乐满足，把性器的情欲摆在生活的中心点。我们还要说，当他这么做的时候，他会更加冒险地依赖外在世界的某个部分，也就是他选择的爱的对象，而如果对方拒绝他，或者因为出轨或死亡而失去对方，他则会痛苦不堪。所有时代的智者为此都再三告诫人们远离这种生活；可是对于许多人而言，它一直没有失去它的魅力。

少数人天生就知道要在爱的道路上追寻快乐，可是如此一来，爱的作用导致的大规模的心理变化也就在所难免。这些人并不在乎对方是否同意，他们把重视的价值从被爱转

---

❶　希腊神话里主司命运和必然性的神。——译者注

《爱神与穆萨》，亨利·沃克 / 绘

移到爱别人；他们不是只爱一个对象，而是平等爱所有人，因而没有失去所爱的对象的问题。他们也会转移其性爱的目标，把驱力转变成压抑了目的的感情，而避免性器的爱的摇摆不定和失望。如是，他们为自己营造了一种波澜不兴的（Gleichschwebend）❶、坚定不移的、温柔的感觉状态，而和犹如狂风暴雨一般的性器的爱没有任何外在的相似性，尽管它是衍生自性器的爱。圣方济各（Franciscus von Assisi）❷或许相当擅长为了内在的幸福感觉而利用这样的爱。我们所谓快乐原则的实现技巧，也屡屡可见于和宗教的关系当中；这种关联性或许也存在于心理的偏僻角落，他们并不是很在意自我和客体、客体和客体之间的区别。根据一个深层动机还不是很清楚的伦理学观点，这个对于全体人类和世界的爱的意愿，是人所能企及的最高态度。我们在这里不想闭口不谈我们的两个主要疑虑。一个是没有拣择的爱，我觉得抵触了它自身的部分价值，因为那对于它的客体并不公平；其次，也不是所有人都值得我们去爱。

作为家庭的奠基的那种爱会在文明里接着起作用，不管是保持原本的模型，也就是没有舍弃直接的性爱满足；或

---

❶ 坊间译作"平均悬浮"，不知所云，有待商榷。——译者注

❷ 圣方济各（1182—1226），天主教方济各会和方济各女修会的创始人。他反对杀生，认为动物也应该被爱护。——译者注

圣方济各画像，菲利普·弗里塔尔 / 绘

者是它的变形，那是一种压抑目的的情感。在任何模型里，它都持续着把许多人凝聚在一起的作用，而且比互助合作的利益更加紧密。人们在使用"爱"这个语词时的疏忽，有其遗传学上的理由。人们所说的爱，一般是指男女关系，他们基于性器的需求而组成家庭，可是爱也是亲子之间、兄弟姐妹之间的正向感觉，虽然我们把这个关系形容为压抑目的的爱或者亲情。压抑了目的的爱原本也是相当肉欲的爱，在人的无意识里依然如此。这两者，肉欲的爱以及压抑目的的爱，它们都超越了家庭，在原本陌生的人们之间产生了新的凝聚力。性器的爱导致新的家庭的形成，而压抑目的的爱则导致在文明里相当重要的各种"友谊"，因为它们排除了性器的爱的若干限制，比方说它的排他性。可是在演变的过程里，爱和文明的关系失去了它的单义性。一方面，爱和文明的利益相互抵触；另一方面，文明也以许多敏感的限制威胁着爱。

这种分裂似乎是不可避免的，其理由也不是一下子就可以明白的。它起初表现为家庭和个人所属的更大团体之间的冲突。我们猜测文明有个主要的意图，那就是把人们揉捏成许多大单位。可是家庭不想放走个人。家庭成员彼此的联结越是紧密，就越不想和别人来往，也更加难以融入更大的生活圈。在系统发育（Phylogenetisch）上比较早期的、童年唯一存在的共同生活模式，会拒绝被后来习得的文明模式取代。脱离家庭成了每个青少年的课题，而社会则会以成年礼和入会礼支持他解决这个课题。在我们的印象里，这些都是附属于所有心理的，基本上还包括所有器官的发展的难题。

此外，女性不久就会站在文明浪潮的对立面，并且展现她们迟滞（Verzögernd）和谨慎（Zurückhaltend）的作用，正如女性起初以爱的要求为文明奠立基石。女性代表着家庭和性爱的利益；文明事务渐渐都落到男人身上，它赋予男人的任务越来越艰巨，迫使他们升华其驱力，那是女性难以做到的事。男人可以支配的心理能量毕竟有时而穷，他们必须务实地分配原欲才有办法完成任务。他耗费在文明目的上的，大部分是他从女人以及性爱那里抽出来的：他和其他男人朝夕相处，也相当依赖和他们的关系，甚至使他疏忽了身为丈夫和父亲的职责。女性由于文明的要求而不得不退居幕后，而和文明处于一种敌对的关系。

文明限制性爱的倾向和它扩张文明圈子的倾向一样明显。在第一个文明阶段，也就是图腾崇拜的阶段，文明就禁止近亲性交的对象选择，这或许是人的一生当中对于性爱生活最严重的残害。禁忌、法律和习俗也制造出更多的桎梏，不管是对于男人还是女人。每个文明的限制程度不一，社会的经济结构也会决定剩下的性爱自由的范围大小。我们已经知道文明服从于经济需求的压力，因为它必须从性爱那里抽出大量心理能量以供它使用。文明之于性爱，就像是对于某个部落或者一部分人民的剥削。由于担心被压迫者的反抗，文明必须采取更严厉的预防措施。我们西欧文明正处于这个演变的高潮。就心理而言，一个文明共同体可以正当地禁止童年性欲的表现，因为如果不在童年预先下手，文明是不可能闭塞成人的性欲的。可是如果文明社会想要否认这个容易证明且显而易见的现象，那么它就失去了任何正当性。性成熟的个人的对象选择局限于异性，而若干性器以外的满足也被视为变态而被禁止。这些禁令要求每个人只能有同一种性爱，而无视于人类在性爱构造方面先天或后天的差异；它使得许多人被迫割舍性爱的欢悦，因而也成了重大不义的源头。这些限制规定的结果或许是，许多正常人，也就是构造上没有障碍的人，他们的性爱兴趣只能全部都注入仍然开放着的渠道。但是异性恋就算没有被禁止，却也因为合法性以及一夫一妻制的限定而遭到更多的干扰。现在的文明让我们明确地认识到，它只容许以男人和女人一生只有一次的，而且不可以离异的结合为基础的性爱关系。文明不喜欢把性爱当作独立的快乐来源。文明之所以容许它的存在，那是因为它是至今不可取代的人类繁衍手段。

　　这当然是个很极端的观念。每个人都知道那是行不通的事，就算只是很短暂的时期。只有懦夫才会容忍如此大规模地侵犯他们的性爱自由，而强者则是只有在补偿性的条件下才会这么做，我们在下文会再讨论这个问题。文明社会不得不默认许多罪行，根据它自己的法规，那些都是应该被惩罚的。可是我们不能因而反过来误以为既然它的意图没有实现，那么这种心态对于社会而言就是无害的。文明人的性爱毕竟遭到了严重的损害，有时候它让人觉得它的功能正在退化，就像作为我们的器官的牙齿和头发一样。我们或许可以合理地假设说，作为幸福感的重要源头，在人生目的的实现上，它的重要性明显在降低。❶有时候人们似乎以为，不仅仅是文明的压力，也有可能是它的功能本质就拒绝让我们完全得到满足，使我们不得不走上其他道路。这个看法或许有误，我们一时之间很难断定。❷

---

❶ 我曾经读过著名而优雅的英国人约翰·高尔斯华绥（ J. Galsworthy ）的诗作，题目是"苹果树"（ The Apple Tree ）。它以感人肺腑的笔调描述两个孩子之间的淳朴自然的爱如何不被现代文明人接纳。

❷ 以下的评论是要佐证上述的观点：人也是有明确的两性构造的动物。个体相当于两个对称的部分的融合，有些科学家认为其中一部分是纯粹男性，另一部分是纯粹女性的。但是也有可能那两个部分各自都是雌雄同体的。性是个生物性的事实，尽管它对于心理世界意义重大，却不容易从心理学去把握它。我们习惯说：每个人都会表现出男性和女性的驱力冲动、需求和性质，可是虽然解剖学可以指出男性和女性的特征，心理学却没有办法。对它而言，

两性的对立渐渐褪色变成主动性和被动性，我们几乎会不假思索地把主动性和男人、被动性和女人放在一起，而这在动物界并不是没有例外的。关于双性恋的理论仍然有许多晦涩难解之处，也找不到和驱力理论的接合点，我们在精神分析里只能把它视为严重的障碍。无论如何，如果我们假设个人在性爱里其实想要同时满足男性和女性的愿望，那么我们就要接受一个可能性，那就是这些要求不会由同一个客体满足，如果人们没办法把它们分开，让每个冲动各自走在适合它们的轨道上，它们就会相互干扰。而由于每个爱欲关系除了自己的施虐癖成分，往往也会伴随着某个程度的直接攻击倾向，因而产生了另一个难题。爱的对象不一定会谅解或宽容这些复杂关系，就像说一个农妇抱怨她的丈夫不爱她了，因为他已经一个礼拜没有揍她了——可是延续本章前文注释里的阐述，我可以追根究底地猜测说，随着人的直立行走以及对于嗅觉的贬低，整个性爱，不只是肛门性欲，都成了器官性潜抑的牺牲品，以至于自此之后，性功能都会伴随着一种不明所以的阻抗，使它没办法完全得到满足，迫使它从性爱目标转向种种升华和原欲的转移。我知道布洛伊勒（Bleuler）有一次指出这种对于性爱的原始厌恶态度的存在[参见布洛伊勒：《性的抵制》（*Der Sexualwiderstand*），见于《精神分析和精神变态研究年鉴》（*Jahrbuch für Psychoanalytische und Psychopathologische Forschungen*），1913年，第五卷]。所有精神官能症病患以及其他人都会反对"我们生于屎溺之间"（Inter urinas et faeces nascimur）这个事实。性器官也会产生让人难以忍受的强烈气味，因而妨碍人们的性交。于是我们应该认识到，随着文明一起进展的性潜抑的源头，是对于人类不同以往动物性生活的直立行走的生活方式的器官性反抗。说也奇怪，这个研究成果倒是和种种屡见不鲜的成见不谋而合。不过这些东西顶多只是没有科学证实的可能性而已。我们也不要忘了，尽管嗅觉刺激的贬抑是不争的事实，在欧洲还是有许多人觉得令人作呕的性器官气味可以刺激性欲而不忍舍弃［关于民间传说中关于嗅觉的"收藏品"，参见伊万·布洛赫（Iwan Bloch）:《关于性生活中的嗅觉》（*Über den Geruchssinn in der Vita Sexualis*），见于弗雷德里希·克劳斯（Friedrich S. Krauß）编辑:《人类学》（*Anthropophyteia*）期刊］。

第 五 章

精神分析的工作告诉我们，所谓的精神官能症患者，他们不能忍受的正是这种性爱的挫折。他们在症状当中为自己创造了种种替代性满足，然而它们不是本身就会导致痛苦，就是变成了痛苦的来源，因为它们使患者难以和环境以及社会相处。第二种情况我们不难理解，至于第一种情况则是另一个问题。可是除了性爱的满足，文明还会要求我们牺牲其他东西。

我们把文明演进的难题当作一般性的发展困难，并且溯源到原欲的惰性，以及人拒绝放弃旧立场而接受新立场的倾向。同样地，如果说性爱是两个人之间的关系，第三者对他们而言是多余的或者是个干扰，而文明则是奠基于众人之间的关系，那么我们也可以推论说文明和性爱是对立的。爱到深处的时候，恋人们眼里根本就不会有周遭的环境；恋人们自得其乐，他们不必有个共同的孩子才会快乐。爱欲在这里尤其彰显了它的本质核心，那就是企图让两人合而为一，可是当爱欲真的如传说中的让两个人坠入情网时，爱欲就会不肯离开他们。

至此我们可以想象说，一个文明共同体或许是由这样的双重个人构成的，他们在原欲上是自身饱和（Gesättigt）的，却又通过劳动和利益的团体的纽带而彼此联结。若真是如此，文明就不必抽离性爱的能量了。可是这种一厢情愿的境况并不存在，也从来都没有存在过；现实告诉我们，文明并不满足于我们至今容许的种种联结关系，而要想尽办法以原欲的方式把共同体的成员结合起来，无所不用其极地在他们当中创造种种强烈的仿同（Identifizierung），竭尽一切压抑目的的原欲，以友谊关系加强共同体的纽带。为了实现这个意图，性爱的限制是不可避免的。可是我们无法理解文明为什么一定会走上这条路，它为什么会仇视性爱。其中一定有什么干扰因素是我们还没有发现的。

所谓的文明社会的理想要求，或许可以提供线索。这个要求叫作：爱你邻人如同自己。全世界都知道这个道理，它比把这个主张引以为傲的基督教更古老，但是也没有多么古老，若干历史时期里的人们对它还是很陌生。我们暂且以天真的态度思考它，仿佛我们是第一次听到的样子，这样我们就会难掩惊讶困惑之情。我们为什么要这么做？这对我们有什么好处？尤其是，我们要怎么才做得到？那怎么可能？我的爱对我而言是如此珍贵的东西，我没办法不分青红皂白地抛弃它。我有义务牺牲一切以实现它。如果我爱一个人，对方一定是有值得我爱他的地方（我不会在意他对我有什么利用价值，或者是作为性爱对象对我的可能意义，因为那两种关系并不是爱邻舍的诫命所关心的）。他值得我爱，那是因为他和我在若干重要层面上很相似，使得我在他身上也可以爱我自己；他值得我去爱他，因为他比我完美得多，使得我在他身上可以爱我对于自己的理想。再说，如果他是我的朋友的儿子，那么我一定也会爱他，因为如果我的朋友由于遭遇到不幸而感到痛苦，那也会是我的痛苦，我必须和他有难同当。可是如果他是个陌生人，没有任何自身的价值，对于我的情感而言也没有任何后天的意义，因而没办法吸引我，那么我就很难去爱他。的确，我不应该去爱他，因为我周遭的人会把我的爱视为对于他们的偏爱，而如果我同等对待陌生人，那对他们而言是不公平的。可是如果我以博爱的心去爱他，只是因为他也是这个地球上的居民，就像一只昆虫、蚯蚓或是水蛇，那么我恐怕只会把一点点爱放在他身上，而绝对不可能像我基于理性的判断而保留给自己的那么多。如果基于理性的考虑，这个诫命并不值得去实现的话，那么它为什么要如此郑重地上场？

　　我越是深入省思，就发现更多的困难。这个陌生人不仅仅就一般的情况而言不值我去爱，而且我必须诚实地招认，我有更多的理由可以去敌视他，甚至恨他。他看起来对我没有一丁点的爱，也没有任何要尊重我的意思。如果伤害我对他有任何好处的话，他会毫不犹豫就下手，他也不会在意把利益建立在对我的损害之上。的确，他甚至不一定要得到什么好处；只要他开心，他可以肆无忌惮地嘲弄我、侮辱我、毁谤我，对我耀武扬威。他越是有把握，我就越无助，越加确定他会如此对待我。如果他的态度有所不同，如果他也把我当作陌生人而尊重且照顾我，那么不必有什么诫命的提示，我也会对他投桃报李。的确，如果这个伟大的诫命是说"爱你的邻人，如同邻人爱你"，那么我就没有什么好反驳的。可是还有第二个诫命，更加让我觉得百思不得其解，也更加激起我内心强烈的反弹。那就是："爱你们的仇敌。"然而，当我反复思考它，我发现我不能把它当作一个更无理

的要求而反对它。它们基本上是在说同一件事。❶

　　我想现在我会听到一个威严的声音告诫我说：正因为你的邻人不但不值得你去爱，更是你的仇敌，你才要爱他如爱你自己。于是我明白了，那就像是"因为荒谬，我才相信"一样。

　　而如果我的邻人也被要求爱我如爱他自己，他的回答很可能也会和我一样，以相同的理由反驳我。我不想要他以同样的客观理由那么做，可是他也会和我一样那么想。毕竟，人类的行为存在着种种差异。而伦理学在区分"善"与"恶"的时候，却无视这些条件性的存在。只要这些不可否认的差异没有被扬弃，那么如果人们遵守这些高唱入云的伦理要求，就会伤害到文明的意图，因为那是摆明了奖励人们去做坏事。我们会不由得想起传说中法国议会在讨论死刑存废时的一段插曲：一个议员慷慨激昂地主张废除死刑，

---

❶ 至少有个伟大的诗人胆敢用戏谑的方式说出被严格禁止的心理真相。海涅（H. Heine）是这么说的："我有个最宁静的省思。我的愿望是：一处简陋的茅草小屋，可是有一张好床，一餐佳肴，牛奶和奶油都很新鲜，窗前繁花似锦，门外几株美丽的树木，而如果慈爱的神愿意赐我快乐的话，那就让我享受一下把六七个敌人吊死在这些树下的乐趣，我会以激动不已的心，在他们死前原谅他们对我的一生所做的不义——是的，人应当原谅他的仇敌，可是要到他们被吊死的时候。"［海涅：《随感录》（*Gedanken und Einfälle*）］

他的言论赢得满场热烈的掌声，直到议事厅里有个人插嘴说："那就让杀人凶手先动手吧！"（Que messieurs les assassins commencent!）❶

可是大家都会置若罔闻的一个事实是，人并不是只想要被爱、只有在被攻击时才会自我防卫的温和动物，相反，他们在驱力天性上也算是有强烈的攻击性的。所以说，他们的邻人不只是可能的助手和性爱对象，也会引诱他们在邻人身上满足其攻击性，剥削他的劳力而没有任何补偿，不经他的同意就对他性侵，霸占他的财物，羞辱他，让他痛苦不堪，把他凌虐致死。"人对人就像狼一样"（Homo homini lupus）❷；面对着人生和历史的种种经验，谁还有勇气反驳这个主张呢？一般而言，这种凶残的攻击性会耐心等候挑衅，或者为其他意图所用，尽管人们原本可以采取更温和的手段去实现它。在情势有利的时候，原本抑制它的心理反作用力失效了，它会自然而然地表现出来，揭露人类手足相残的野兽倾向。只要想到种族迁徙的横行霸道，如匈奴人或者是成吉思汗和帖木儿率领蒙古人的入侵，"十字军"占领耶

---

❶ 法国记者卡尔（Jean-Baptiste Alphonse Karr, 1808—1890）语："如果我们废除死刑，那就让杀人凶手先动手吧！"——译者注

❷ 出自普劳图斯（Titus Maccius Plautus, 前254—前184）的著作，霍布斯在《利维坦》（Leviathan）里也引用过。——译者注

《阿斯卡隆战役》描绘了第一次十字军东征中的战争场景，
让-维克多·施奈茨 / 绘

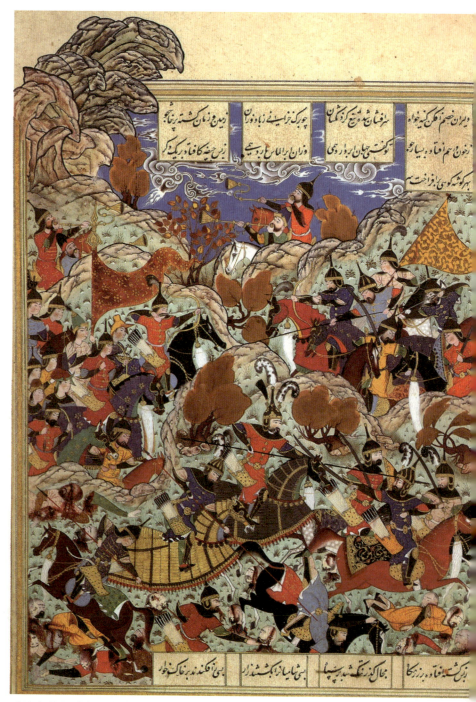

《帖木儿军队与马木留克王朝军队作战》，卡马拉丁·贝扎德／绘

路撒冷，甚至是上一场世界大战，我们都必须谦卑地向这个看法的事实性低头。

我们在自己身上都感觉得到这个攻击倾向的存在，当然可以合理地假设别人也不例外，它是阻碍我们和邻舍的关系并且使文明疲于奔命的重要因素。由于人类的这种原始的相互敌意，使得文明不时面临着瓦解的威胁。互助合作产生的利益没办法把人们凝聚在一起，驱力的激情比理性的利益考虑更占优势。文明必须想尽办法限制人的攻击驱力，通过心理反应的形成去抑制它的表现。于是我们看到层出不穷的方法，引诱人们落入种种仿同以及压抑目的的爱的关系，进而限制性爱，提出爱邻如己的理想性诫命，它其实只是证明了没有任何诫命比它更加违反人类的原始本性。尽管文明再怎么殚思竭虑，到头来还是事倍功半。它赋予自己以暴力惩罚罪犯的权力，以防止凶残的暴力猖獗蔓延，可是法律没办法控制人类更加谨慎而聪明的攻击行为。总有一天，我们每个人都要放弃年轻时对邻人抱持的期待，把它当作一个幻想，并且认识到他们的恶意让生活变得多么艰难而痛苦。虽然如此，他没有理由因为文明意图消除人类行为里的倾轧和竞争而怪罪它。这些都是不可避免的事，可是对抗并不必然是仇恨，它只是被滥用而让仇恨有了可乘之机。

共产主义者相信他们找到了消灭种种恶的救赎道路。

他们认为人性本善，也会和邻人和睦相处，只是私有财产制使他的本性堕落。人拥有了私人财产，也就拥有了权力，会被诱惑去虐待他的邻人；而没有财产的人也就不得不怀着仇恨反抗压迫他的人。若是废除私有财产，所有财产都是共有的，所有人都可以分享它，那么人类之间的恶意和仇恨就会消失。因为所有人的需求都得到满足，人就再也没有理由敌视他人；而所有人也都愿意从事必要的劳动。我并不想对共产主义体系提出什么经济学上的见解，我也没有办法探究废除私有财产制是否真的有效而且有益。❶可是我看得出来它的心理学预设值得推敲。废除了私有财产制，固然使人类的侵略兴致失去了一个有力的（尽管不是最有力的）工具，可是我们并没有改变权力和影响力之间被攻击性滥用了的种种差异，也没有改变它的本质。攻击性并不是财产的产物，史前时代人的财产少得可怜，但暴力就已经横行无忌。我们在育婴室里就可以看见攻击性，在那里，财产甚至还没有脱离其肛门期的原形，它是所有亲情和爱情关系的温床，唯一的

---

❶ 但凡人年轻时饱尝贫穷困厄，体验过财主们的冷漠和傲慢，都会同情且支持对抗财富不均及其结果的种种努力。的确，如果这个抗争基于抽象的主张，以正义之名，为了全体人类的平等，那么就会有明显的反对意见，认为人天生的身体构造和心智能力就极为不平等，这些自然的不义是没有任何补救之道的。

例外或许是母亲对她的儿子的爱。就算我们禁止了人的物权，他还是拥有性爱关系上的特权，它必定会成为在其他方面势均力敌的人们之间最强烈的恶意和最激烈的仇恨的源头。如果我们通过性爱的完全解放而消除了这个因素，从而废除了家庭这个文明的生殖细胞，我们的确会难以预见文明的演进会走上哪一条路，可是有一件事是可以预期的，那就是坚不可摧的人性特征会一路相随。

人类显然很难不去满足这个攻击倾向；那会使他们心下慊慊，觉得很不舒服。文明里的少数团体有个不容小觑的优点，那就是它会为驱力提供一个出口，以宣泄对于外邦人的敌意。只要有一群人被当作人们表现其攻击性的对象，就永远有可能让更多人相亲相爱地团结在一起。我有一次探讨过这个现象，两个鸡犬相闻、往来频繁的族群，往往会兵戎相见或是相互嘲讽。就像是西班牙人和葡萄牙人、北德意志人和南德意志人、英格兰人和苏格兰人等等。我把它叫作"对于微小差异的自恋"（Narzissmus der kleinen Differenzen），这个名词应该不用我多做解释。我们现在可以把它视为攻击倾向的一种方便的、相对无害的满足方式，团体里的成员也因而更容易凝聚在一起。在这个方面，离散各地的犹太人对于收容他们的民族的文明而言，可以说功不可没；不幸的是，中世纪对犹太人的所有大屠杀并没有让当时的基督徒更和平、更安全。自从使徒保罗以博爱作为他的基督教团契的基石，基督教对于外邦人的极端不宽容却成了不可避免的结果；罗马人没有把他们的国家共同体建立在爱之上，反而没有宗教上的不宽容这种事，虽然对他们而言，宗教是国家的事，而国家也弥漫着宗教气息。一个日耳曼人基于征服世界的梦想而高呼反犹主义以作为补充，这并不是什么不可思议的偶然事件。而人们在俄罗斯意图建立一个新的共产主义文明，也是不难理解的事。

如果说文明不仅仅把性爱当作牺牲品，就连人类的攻击倾向也被它拿来献祭，那么我们就更加明白为什么人们在文明里很难感到幸福。其实由于原始人没有什么驱力的拘束，他们的生活反而更加悠游自在。相对地，他们在永久幸福这个方面的保障就薄弱许多。文明人拿一部分的幸福机会换取一部分的保障。可是我们不要忘了，在原始的家族里，只有家主才享有在本能方面的自由，其他人则都是生活在奴隶一般的压抑之下。只有少数人才享有文明的好处，大多数人则被夺走了这个好处，这个对立在文明的原始时期里可以说相当极端。关于现存的原始民族的严谨研究，证明了他们的本能生活不会因为自由自在而值得我们羡慕；他们有其他种种限制，或许比现代文明人的限制更加严酷。

如果说我们有理由抗议我们的文明现况，例如它无法实现我们对于幸福生活的规划的要求，或者它导致了多少原本可以避免的不幸；如果说我们以毫不留情地批评穷究其种种缺憾的根源，那么我们的确有权这么做，这不能证明我们是文明的敌人。我们可以期望渐进式地推动文明里的这些改变，使它更能够满足我们的需求，同时不会招致我们的批评。但是我们也要熟悉一个观念，那就是文明的本质里存在着许多难题，它们是任何改革的企图都没办法解决的。除了我们预期中的限制驱力，我们还注意到一个境况的危险会威胁到我们，那就是所谓的"群体的心理贫困"（Das Psychologische Elend der Masse）。如果一个社会主要是以成员的相互仿同作为其凝聚力量的，而领袖人物在一个群体形成时却没有意识到落到他们身上的重要责任，那么这个危险就会立即到来。❶当前美国的文明境况或许正好可以让我们研究这个让人忧心忡忡的文明弊病。可是我要抵挡对于美国文明提出批评的这个诱惑；我不想让人有个印象，以为我自己也想要采取美国人的方法。

---

❶ 参见《群体心理学和自我分析》（*Massenpsychologie und Ich-Analyse*），1921年版。

第 六 章

我在以前的写作当中从来没有像现在这么强烈的感觉，那就是我其实是在描述大家都熟悉的东西，我在稿纸上笔耕不辍，接着排版付梓，原来只是为了说明不证自明的事物。为此我想要强调一点，以免让人误以为我们只要认识到一个特殊的、独立的攻击驱力，就会改变整个精神分析的驱力理论。

我会证明实则不然，我只是要突显一个早就甚嚣尘上的说法，并且探索其种种推论。在所有步履蹒跚的分析理论当中，驱力理论尤其让人觉得举步维艰。而它对于整个理论而言又是不可或缺的，所以我们必须找个什么东西取代它。

就在我一筹莫展的时候，我以诗人暨哲学家席勒的一段话当作起点：让世界周行不殆的，是"饥饿和爱"。饥饿可以说是意图保存个人存在的种种驱力的代言人，而爱则是渴慕种种客体；爱的主要作用——基于天性在各个方面的支持——就是种属的保存。于是自我驱力（Ichtriebe）和客体驱力（Objekttriebe）一开始就是对立的。我所说的"原欲"这个词，不多不少就是指称客体驱力的能量；所以说，这个对立就是自我驱力以及广义的爱指向客体的原欲驱力之间的对立。在这些客体驱力当中，有一种驱力显得特别格格不入，也就是施虐癖（Sadistisch）的驱力，因为它根本不是以爱意为目标的，它在某些方面显然和自我驱力有关，不可讳言它相当接近那种没有原欲意图的支配驱力（Bemäch-tigungstrieben），可是人们撇开这些差异不谈；施虐癖显然属于性爱的一部分，残忍的游戏可能会取代温存的游戏。而精神官能症则可以被视为自我保存的意图以及原欲的要求之间的竞赛结果，自我在这场竞赛里获胜了，但是其代价是更加沉重的不幸和断念。

　　每个精神分析师都会承认，就算是现在，这个看法听起来也不像是个早就被放弃的谬论。可是当我们的研究从被潜抑者延伸到潜抑的力量，从客体驱力扩及于自我，其中有个改变是必不可少的。这里的关键在于自恋（Narzißmus）

这个概念的导入，也就是说，自我完全专注于原欲，它自己
甚至就是原欲的家乡，也一直是它的大本营。这个自恋的
原欲转向客体，因而变成了客体原欲，而且可能会变回自
恋的原欲。自恋的概念有助于我们分析理解创伤性精神官
能症（die Traumatische Neurose）和许多接近精神病的
情感，以及精神病本身。我们不必放弃把移情精神官能症
（Übertragungsneurose）解析为自我意图抗拒性爱的这个
观点，可是原欲的概念就岌岌可危了。由于自我驱力也是原
欲的，有时候难免会把原欲和一般性的驱力能量混为一谈，
正如荣格（Carl Gustav Jung）早期主张的。然而，我不知
怎的依旧相信，并不是所有驱力都如出一辙。我的下一个观
点可见于拙著《超越快乐原则》（Jenseits des Lustprinzips,
1920），我在书中首先注意到强迫性重复以及驱力的保守
性质。我首先思考生命的起点以及生物学上的模拟，由此推
论说，除了保存生命实体以及组成更大的整体的驱力❶，还
有一个和它对立的驱力，它渴望瓦解这个整体，而回归到太
初的无生物状态。也就是说，除了爱欲以外，还有一个死
亡驱力（Todestrieb）；生命的种种现象都可以从这两者的
合作和对抗去解释。只不过我们很难具体说明这个假设的死

---

❶ 爱欲永不止息的扩张倾向和驱力一般性的保守天性之间的对立相当
　明显，也可能成为提出其他问题的起点。

1909年拍摄于克拉克大学的一张照片

前排从左到右依次是：弗洛伊德、斯坦利·霍尔、荣格；

后排：亚伯拉罕·布里尔、欧内斯特·琼斯、桑多尔·费伦齐

亡驱力的行为。爱欲的表现总是大张旗鼓而且喧嚣扰攘；人们或许会以为死亡驱力是在生物内部默默地从事它的破坏行为，可是当然找不到什么证据。更进一步的观念则是说，有一部分的驱力抗拒外在世界，而表现为攻击和破坏的驱力。如此一来，驱力不得不被爱欲利用，因为生物会毁灭其他东西（不管是生物或无生物），而不是毁灭它的自体（Selbst）。而只要中断（Einstellung）这个对外在世界的攻击性，就必定会导致原本就持续进行的自我毁灭变本加厉。我们由这个例子也可以猜想到，这两种驱力很少——或许从来没有——单独出现，而是以各种不同的混合比例融合在一起，使得我们的判断难以分辨。我们早已知道施虐癖是性爱驱力的一部分，原本应该也会特别看到爱的渴望和毁灭的驱力的这种紧密融合，正如和它一体两面的受虐癖（Masochismus）是针对内在世界的毁灭性和性爱的联合的。这种融合原本是难以察觉的，现在却引人侧目而且看得见摸得着。

存在一个死亡或毁灭的驱力这个假设，即使是在精神分析圈里也遭遇到阻力；我知道许多人会把在爱里看到的危险和敌意的东西归因于它自身本质里的原始两极性。原本我只是试探性地提出在这里讨论的观点，可是它们渐渐说服了我，而使得我不作他想。我认为就理论而言，它们比其他观点更实用；它们既可以简单化而又不至于忽略或歪曲了事实，这正是我们的科学研究渴望的。我知道我们在施虐癖和受虐癖里一再看到了对外和对内的毁灭驱力的表现和爱欲紧密地融合在一起，可是我再也不明白为什么我们会忽略那种和爱欲无关但无所不在的攻击性和破坏性（蔓延整个地球），在诠释生命时居然没有赋予它应有的重要地位（只要内心世界的破坏欲没有染上爱欲的色彩，我们往往会难以察觉到它）。我还记得自己第一次在有关精神分析的著作里看到毁灭驱力的观念时有多么不以为然，花了多久的时间才接受它。如果说别人直到现在还会拒绝这个观念，我也不会太惊讶。因为如果有人谈到人性本"恶"，天生就有攻击性、破坏性以及残忍的倾向，小孩子是不会想听的。神以自身完美的形象创造了他们，人们不想被告诫说，要调和恶的不可否认的存在——就算有基督教科学派（Christian Science）❶的郑重声明——和神的全能全善，那是多么困难的事。恶魔成了为神开脱的最好借口，他扮演减轻经济负担的角色，正如犹太人在雅利安人理想的世界里的角色一样。然而即便如此，不管是因为恶魔的存在还是恶魔化身的邪恶

---

❶ 全称为"Church of Christ, Scientist"，1879年由艾迪女士（Mrs. Mary Baker Eddy，1821—1910）创立的教派，以传播信仰治疗为主。——译者注

的存在，我们都可以向神问责。有鉴于这些困难，我们不妨在适当的场合向人类深层的道德本性深深一鞠躬；那会帮助我们大受欢迎，而且也会得到宽恕。

在歌德笔下的梅菲斯特（Mephistopheles）那里，恶的原理和毁灭驱力的等同特别有说服力：

> 因为，生成的一切
> 总应当要归于毁灭……
> 因此你们所说的罪行、
> 破坏，总之，所说的恶，
> 都是我的拿手杰作。

恶魔说他的敌人不是神圣和善的那位，而是自然的创造和繁衍生命的力量，也就是爱欲。

> 从空气中、水中、土中，
> 一切燥湿寒暖之地，
> 都萌发出无数的胚芽！
> 如果我没有把火焰留下，
> 我就别无特殊的武器。❶

---

❶ 见《浮士德》第97—98页，钱春绮译，商周出版，2021年。——译者注

......De temps en temps j'aime à voir le vieux Père,
Et je me garde bien de lui rompre en Visière......

《梅菲斯特飞过滕贝格》，欧仁·德拉克洛瓦 / 绘

　　"原欲"这个名字可以再次用来指称爱欲的力量展示，而有别于死亡驱力的能量。❶我们不得不说我们很难掌握那个驱力，我们只能猜想它是躲在爱欲背景里的东西，若不是它和爱欲融合在一起而泄漏行踪，我们应该没办法察觉到它。在施虐癖里，死亡驱力扭曲了爱欲在自身意义下的目的，却又完全满足了性爱的渴望，我们在那里也清楚地看到了它的本质及其和爱欲的关系。但是就算它在没有性爱意图的情况下表现出最盲目的破坏性狂热，我们还是不可以忽略它的满足其实和极其强烈的自恋欢悦有关，因为它实现了自我以前对全能的愿望。这个有节制的、被驯服的，却又压抑了目的的毁灭驱力，当它指向客体，就必定会满足自我的生存需求，并且让自我得以支配自然。因为关于驱力之存在的假设主要是基于理论上的理由的，我们也必须承认说它没办法完全免于理论上的反驳。不过至少就我们目前的见解而言看来是如此，未来的研究和思考应该会使我们更加豁然明白。

　　因此，我在下文中会采取的立场是，攻击的倾向是人类原生的、独立的驱力天性，我也会回到我的观点，认为它正是文明最大的障碍。在我们前面的探究当中，有个观念袭上

---

❶ 我们现在的观点可以一言以蔽之：任何驱力的表现都有原欲的成分在里头，可是它们不全部都是原欲。

我们心头，也就是，文明是人类必须承受的一个特殊历程，而我们至今仍然在这个观念的魔咒底下。现在我则可以说，那是一个为爱欲服务的历程，其目的是要把个人、家庭，乃至于种族、民族和国家组成一个大的整体，也就是人类。至于为什么非要如此不可，我们并不知道，那或许正是爱欲的作用。众人正是要以原欲的方式彼此联结，不管是生活需求，还是互助合作的好处，都不足使人们团结在一起。可是人在天性上的攻击驱力，个人对集体以及集体对个人的敌意，都和这个文明计划相互矛盾。这个攻击驱力是死亡驱力的衍生物和主要代言人；而死亡驱力则和爱欲形影不离，和它一起统治着世界。现在，我想文明演进的意义对我们而言不再那么扑朔迷离了。它应该是要对我们展现爱欲和死亡、生命驱力和死亡驱力之间的竞赛，正如在人类种族之间上演的竞赛。这个竞赛构成了整个生命的本质，所以说，文明的演进简而言之就是人类种族的生存竞赛。❶而我们的保姆想要以"天国的摇篮曲"（Eiapopeia vom Himmel）❷平息的，正是这场巨人族的战争。

---

❶ 我们或许可以更确切地说：如同它应该依据某个还猜不出来是什么的事件而形塑的生存竞赛。

❷ 出自海涅的诗《德意志》。——译者注

第 七 章

　　我们的亲戚们，我是说动物，为什么没有这种文明竞赛的迹象呢？噢，我们不是很清楚。其中若干物种，如蜜蜂、蚂蚁、白蚁，或许已经搏斗了几十万年，才找到那种国家体制、功能的划分、个体的限制，让现在的我们对它们赞叹不已。我们现在的境况有个特色，那就是我们的感觉告诉我们，不管是在哪一个动物国度，或是个体被分配到哪种角色，我们都不会感到快乐。在其他动物种属那里，在它们的环境的影响力以及它们身上互不相让的驱力之间，或许已经达到一个暂时的平衡，从而会停止演化。而在原始人那里，另一波的原欲推进或许会掀起毁灭驱力的再一次反击。许多问题目前还没有答案。

　　还有另一个问题，它和我们的关系更加密切。文明用什么手段去抑制和它对立的攻击性，使它变得无害，或者把它排除在外？其中有些方法我们已经知道了，它们看似很重要，实则不然。我们可以在个体发展史那里探究它。在他身上发生了什么事，使他的攻击欲望变得无害？那个现象非常奇特，我们永远都猜想不到，却又会觉得它合情入理。攻击性被内摄（Introjiziert）、被内化（Verin-nerlicht），其实只是被赶回到它原来的地方，也就是转向其自我。在那里，它会被一部分的自我接管，把自己当作超我而和另一部分的自我对立，现在则以"良心"（Gewissen）为其形式，虎视眈眈地准备猛烈地攻击自我，正如自我在其他陌生的个体身上满足其攻击欲望一样。疾言厉色的超我和俯首帖耳的自我之间的紧张关系，我们把它叫作罪恶意识（Schuld-bewußtsein），它会表现为对于惩罚的需求（Strafbedürfnis）。于是，文明削弱个体，把他解除武装，在他心里设置了法庭，就像在被攻陷的城市里的驻军一样监视它，从而解决了个体的攻击欲望。关于罪恶感（Schuldgefühl）的形成，精神分析师的看法和其他心理学家不尽相同，可是他们自己也找不到什么解释。首先，如果我们问一个人怎么会心生罪恶感，我们会得出一个无可辩驳的答案：当一个人做了他知道是"恶"的事情，他就会有罪恶感[在宗教里就叫作"有罪"（Sündig）]。于是我们注意到这个答案其实什么也没说。也许人们会迟疑片刻接着说，就算人没有真的做那件坏事，而只是知道自己心里意图为之，他也会觉得自己是罪恶的，这时候我们会问，为什么意图会被等同于行为呢？然而这两者都预设了我们知道恶是应该被谴责的，是不应该做的事。可是人是怎么判定的？我们也可以否认人天生有分辨善恶的原始能力。恶的事物往往对自我没有一点伤害，也不危险；相反地，它可能是自我所期望的、让他开心的事。因此，其中显然有个外在的影响，是它在决定什么叫作善恶。由于人的感觉不会一路指引着他，他一定会有个动机，要他服从于这个外在的影响力。我们在他的无助以及对他人的依赖当中很容易就看到这个动机，不妨把它叫作对于丧失爱的恐惧（Angst）。如果他失去了他所依赖的人对他的爱，他也会丧失对于若干危险的防卫，尤其会陷于一种危险当中，那就是强者会以惩罚的形式向他证明其优越性。所以说，所谓的恶原本是指会使我们面临丧失爱的威胁的东西。因为害怕失去，人就一定会逃避它。因此，不管是人真正做了坏事或者只是想要做，这两者并没有什么差别。不管是哪一种情况，只要被权威者发现，他就会

《忏悔》，朱塞佩·莫尔泰尼/绘

有危险，而且对这两种情况的处置也不会有太大的差别。

有人把这种境况叫作"良心不安"（Schlechtes Gewissen），可是这其实不是它应该有的名字，因为在这个阶段，罪恶感显然只是对于丧失爱的一种恐惧，一种"社会性"的恐惧。在小孩子身上，它不会有其他的含义，而在大人那里，也只有当父亲或双亲的地位被更大的人类团体取代才会有所改变。于是，这样的人会习惯性地放任自己做任何会让他们感到开心的坏事，只要他们确定权威者一无所知或者是没办法责怪他们，而东窗事发是他们唯一害怕的事。❶我们现在的社会应该要通盘考虑这种心态。

唯有当这个权威者因为超我的建构而被内化，才会产生重大的改变。如此一来，良心的种种现象也会变本加厉，基本上，我们应该直到这时候才谈到良心和罪恶感这种东西。❷而

---

❶ 这让我们想到卢梭著名的"中国人"言论。（译者补注：巴尔扎克《高老头》中两个人物在谈论卢梭时提到卢梭写过一段话："倘使身在巴黎，能够单凭一念之力，在中国杀掉一个年老的满大人，因此发财，读者打算怎么办？"但是事实上卢梭的著作中并没有写过这样的话，这是巴尔扎克"编造"的寓言，但弗洛伊德以为这真是卢梭的言论，并在自己的其他著作中也引用过。）

❷ 这个概述有别于在现实世界中发生的事，它要探讨的不是一个超我的存在，而是它的相对强度和影响层面，任何有识之士都应该理解且考虑到这点。目前关于良心和罪恶的讨论是大家都熟悉而没有太多争议的。

且现在也没有担心东窗事发这种事，做坏事和想做坏事的区别也完全消失了，因为在超我面前，一切都无所遁形，就连思想也不例外。现实的处境已经不再那么重要，因为我们相信新的权威者，也就是超我，没有任何动机要虐待和它同属内心世界的自我。可是由于遗传的影响，以前的或者是被超越了的事物得以残存下来，从而让人觉得基本上和起初没什么两样。超我以同样的恐惧感折磨着有罪的自我，并且伺机让自我遭到外在世界的惩罚。

在这第二个演变阶段，良心表现出一个特点，那是在第一个阶段很罕见而且难以解释的。人越是有德行，他的行为就越加苛刻而猜忌，到头来，越是圣洁的人，就越觉得自己有罪而自责不已。而德行被没收了它被应许的赏报，温驯而自制的自我看起来再怎么努力也没办法得到它的导师的信任。现在人们可能会反驳说：这些困难都只是表面上的。他们会说，更加戒慎恐惧的良心，才是一个有德行的人的标志，再说，就算圣人说他自己是罪人，那也不是完全没有道理的，因为满足驱力的诱惑对他们而言会特别难以抗拒——我们都知道，持续的挫折只会使得诱惑更加炽盛，而间或的满足至少可以暂时减轻它。难题重重的伦理学告诉我们另一个事实，人的处境越是艰难，也就是外在的挫折越多，超我里的良心的力量也会越强大。人在安逸的环境下，良心会变得很宽大，从而放任自我恣意妄为；当他遭遇不幸，他会反求诸己，认识到自己罪孽深重，他的良心要求就会提高，要他惩忿窒欲，以忏悔惩罚自己。[1] 以前所有人都是这么做的，人们以后也会继续这么做。不过我们从良心最初的婴儿期阶段就可以解释这点，它并没有在内摄到超我里头之后被抛弃，而是一直和超我形影不离，躲藏在超我后面。命运被认为是家长这个角色的替身；当人遭遇到不幸，那意味着这个至高威权不再爱他，他要面临这种丧失爱的威胁，他再次向在超我里的父母亲的代言人鞠躬；而人在快乐惬意的时候，往往会忽视它的存在。如果我们在严格的宗教意义下，把命运当作仅仅是神意的表现，这点就会特别清楚。以色列人认为自己是神的宠儿，而当天父一再地降灾到其子民身上，他们并没有怀疑这个关系，或者怀疑神的大能和公义。相反，他们创造了许多先知，让先知对着他们数落他们的罪，并且出于他们的罪恶意识，为他们的祭司宗教规定了种种强人所难的诫命。奇怪的是，原始民族的做法却和他们大

---

[1] 马克·吐温（Mark Twain）在一则有趣的小故事《我第一次偷的西瓜》（*The First Melon I Ever Stole*）中探讨了倒霉的事如何促进人的道德，因为那颗西瓜刚好还没有熟。我是听马克·吐温自己讲这个小故事的。他说了这则故事的题目之后沉思了片刻，一脸怀疑地问自己：“那是第一次吗？”他这句话说明了一切。

不相同！当原始人遭遇不幸，他们不会责备自己，而会怪罪到他们的物神头上，认为它显然没有尽责，他们会把它痛打一顿，而不是惩罚自己。

于是我们认识到罪恶感有两个来源，一是来自对于权威者的畏惧，二是来自对于超我的畏惧。前者坚持要舍弃驱力的满足；后者除此之外更迫切要求惩罚，因为被禁止的愿望的持续存在逃不过超我的眼睛。我们也知道了该怎么理解超我（也就是良心的要求）的严厉。它只是外在世界的严酷的延伸，和外在世界换了班，并且部分地取而代之。现在我们看到了驱力的放弃和罪恶感之间是什么样的关系。原本驱力的放弃是对于外在权威的畏惧的结果，人们因为不想失去它的爱而放弃了种种满足。如果他真的舍弃了，他就和权威者互不相欠，从而再也不会有罪恶感。但是在超我那里，情况就不一样了。在这里，仅仅是放弃驱力还不够，因为种种愿望还是在那里，没办法对超我隐瞒。所以说，尽管他放弃了驱力，还是会有罪恶感，这对于超我的建置或者所谓的良心的形成而言是个巨大的经济劣势。驱力的放弃不再有完全解放的作用，德行上的惩忿窒欲也不一定会得到爱的赏报。人们躲过了山雨欲来的外在不幸——爱的丧失以及外在权威者的惩罚——却换来了内心世界持续的不幸，也就是罪恶意识导致的紧张状态。

　　这些相互关系相当错综复杂而重要，虽然有重复之嫌，我还是想要从另一个角度探究它们。依据时间的顺序：首先是因为害怕外在世界的攻击而放弃驱力——当然，对于丧失爱的恐惧也会导致同样的结果，因为爱会保护人免于这种惩罚的攻击；接着则是建置内在权威，以及因为害怕这个权威，害怕良心，而放弃驱力。在第二种情况下，想要做坏事和实际上做了坏事是同一回事，因而也会有罪恶意识以及对于惩罚的需求。良心的攻击性是权威的攻击性的存续。到目前为止，我们都可以理解，但是我们怎么解释种种不幸（因为外在环境而不得不断念）为什么会使良心更加坚定不移，而心志高洁、朝乾夕惕的人，他们的良心谴责为什么特别严厉？我们已经解释过良心的这两种特性，可是人们或许觉得它们并没有真的追根究底，而留下若干残余的部分没有解释。这时候有个观念总算要上场了，它是精神分析特有的观念，一般人的思考对它可能很陌生。它也有助于我们理解为什么这个思考对象看起来会如此混乱而难以捉摸。它告诉我们，起初良心（更正确地说是后来才变成良心的恐惧）固然是使人放弃驱力的原因，可是每次新的放弃都会使良心变本加厉而且更加不宽容。如果我们把它拿来和我们已知的良心形成史比对一下，就应该会支持以下的观点：良心是放弃驱力的结果；或者说，（我们因为外在世界而不得不）放弃驱力,因而创造了良心,而它接着又会要求我们放弃更多的驱力。

这个命题和上述良心的形成之间的矛盾其实没有那么大,而且我们也找到了缩小矛盾的方法。为了更容易阐述,我们就以攻击驱力为例,并且假设在这些情况下,我们谈的都是放弃攻击性。这当然只是暂时的假设。那么,驱力的放弃对于良心的作用方式是:我们放弃满足的每个攻击性,都会被超我接收,而据此加强它(对自我)的攻击性。这个说法抵触了以下的观点,即认为良心最初的攻击性是外在权威的严厉性之延伸,而与是否放弃满足无关。可是如果我们假设超我的攻击天性有其他的源头,就可以消弭这个歧见。如果有个权威妨碍了孩子第一个却也可能是最重要的满足,不管是要求他放弃什么驱力,在孩子心里都会产生针对它的强烈攻击倾向。而他也会以他熟悉的机制走出这个经济困境,也就是通过仿同作用,把这个坚不可摧的权威吸收到他自己心里,这个权威现在变成了超我,并且占有了人们小时候原本想要反抗的所有攻击性。孩子的自我必须满足于被贬低的权威——也就是父亲——的可怜角色。因此,情况往往被颠倒过来:"如果我是爸爸,你是小孩子,我一定要整治你一下。"超我和自我的关系,是由于愿望的扭曲而再现的、在还没有分化的自我和一个外在客体之间的现实关系。这也是个典型情况。但是基本的差别在于，超我原有的严厉性代表的不是我们在客体那里感觉到或认定的严厉性，它代表的是一个人针对它的攻击性。如果这个说法是对的，那么我们就可以真的主张说，良心起初其实是压抑了攻击性的产物，而且在一再压抑的过程中越来越强大。

这两个观点到底哪个才正确？是在遗传学上看似无懈可击的第一个说法，还是以讨好人的方式为这个理论打圆场的说法？就直接的观察而言，显然两者都有道理。它们并不互相矛盾，甚至在某个点上是一致的，因为孩子的报复性攻击有一部分取决于他预期父亲对他的惩罚性攻击程度。然而经验告诉我们，一个孩子发展出来的超我的严厉性，绝对不是他亲身遭遇的严厉对待的翻版。❶前者似乎是独立于后者的，在和睦的家庭里长大的孩子，他的良心要求也有可能会很苛刻。可是夸大这个独立性也是不对的；我们应该不难相信，严格的教育对于孩子的超我的形成影响重大。所以说，就超我的形成以及良心的产生而言，先天体质的因素和现实环境的影响是共同起作用的，我们对此完全不感惊讶，它是

---

❶ 梅兰妮·克莱茵（Melanie Klein）和其他英语系作家也都曾经正确地重视了这个问题。

所有这些现象的病因学（Ätiologisch）条件。❶

　　也可能有人会说，当孩子以过度激烈的攻击性以及相对应的超我的严厉性去回应他第一次的驱力挫折，他是依据一个系统发生学上的模型，而逾越了在当下或许正当的反应的。因为史前时代的父亲无疑很可怕，过激的攻击性或许可以归因于他。如果我们从个体发展史转移到系统发展史的话，这两种关于良心形成的观点又更加接近了。这时候，这两个历程里也出现了一个新的重大差异。我们不得不假设说，人类的罪恶感起源自恋母情结（Ödipuskomplex），是由兄弟联手弑父而产生的。在那个场合里，攻击行为没有被抑制下来，反而付诸实现，可是这个攻击性在孩子那里被压抑原本才是罪恶感的来源才对。我猜想现在可能会有读者

───────

❶ 弗兰兹・亚历山大（Franz Alexander）医生在《整体人格的精神分析》（*Psychoanalyse der Gesamtpersönlichkeit*, 1927）里延续艾伦霍恩（Aichhorn）关于疏于管教的研究，鞭辟入里地探讨了病态的教育方法的两个类型，也就是过度严格和溺爱。"过度软弱而宽厚"的父亲会让孩子有机会形成一个过度严厉的超我，因为这个孩子在他感受到的爱的影响之下，没办法为他的攻击性找到出口，从而使它转移到内心世界。而疏于管教的孩子没有得到爱的教育，他的自我和超我之间会产生冲突，他的整个攻击性会转向外在世界。我们如果撇开假设中的体质因素不谈的话，就可以说，严厉的良心源自两个生命经验的共同作用，也就是驱力的放弃，它会解开攻击性的束缚，以及爱的经验，会使这个攻击性转向内心，转移到超我那里。

愤而大呼："那么他到底有没有真的杀死父亲根本就没有差别，反正他都会产生罪恶感嘛！"我们在这里也许会有若干疑问。或者"罪恶感产生自被抑制的攻击性"这个说法是错误的，或者整个弑父的故事都是虚构的，不管是在史前时代或是现代世界，孩子杀死父亲这种事都一样罕见。此外，如果它不是虚构的，而是合理的史实，那么它应该是整个世界都会预期发生的事，也就是说，人会有罪恶感，只是因为他真的做了不正当的事。而对于这种每天都会上演的事件，精神分析至今都没有提出任何解释。

的确如此，我们必须补正其疏漏。这也不是什么特别讳莫如深的事。当人做了什么坏事而产生罪恶感，那种感觉其实应该叫作懊悔（Reue）才对。它只涉及行为，当然也预设了在行为之前就存在着一个可能会产生罪恶感的良心。因此，这种懊悔无助于我们追溯良心和一般性的罪恶感的源头。每天都在上演的事件一般而言是说，驱力的需求会获得力量以满足自己，尽管良心会限制它的力量，而随着需求因为得到满足而减弱，驱力就会回复到以前的力量平衡。所以说，精神分析的做法是正确的，它不讨论那种出于懊悔的罪恶感，尽管这种情况层出不穷而且有其重要的现实意义。

可是如果人类的罪恶感真的要上溯到上古时代的弑父，而它的确是一种"懊悔"，那么当时难道不是如我们预设

《俄狄浦斯弑父》，约瑟夫·布兰克 / 绘

的，在行为之前就存在着良心和罪恶感吗？若是如此，它应该就可以为我们解释罪恶感的秘密，从而让我们不再那么尴尬。我相信它可以。这个懊悔是对于父亲的原始情感的矛盾（Gefühlsambivalenz）结果，儿子们对他又爱又恨；在仇恨因为攻击行为而得到满足之后，他们会懊悔自己的所作所为，而爱会在懊悔当中浮现。这个爱会通过和父亲的仿同以建置超我，授予它一种父权，例如惩罚他们对他的攻击行为，而它也会设定种种限制以防止他们再犯。而由于对父亲的攻击性倾向会在下一代身上重演，罪恶感也就会持续存在，而且每个被压抑且转移到超我的攻击性会不断增强。现在我想我们至少完全清楚了这两个东西，爱在良心的产生里扮演的角色，以及罪恶感命中注定般地无法避免。一个人是否真的杀了他的父亲或者忍住了，这其实一点儿都不重要，这两种情况都会让人产生罪恶感，因为罪恶感是由矛盾心理而产生的冲突的表现，也就是爱欲与毁灭驱力或死亡驱力的永恒竞赛。只要人面对着共同生活的任务，这个冲突就会一触即发；只要这个共同体以家庭为其唯一的形式，这个冲突就必定会在恋母情结里表现出来，派遣良心进驻，创造出第一个罪恶感。就算人们试图扩张这个共同体，同样的冲突还是会以各种旧瓶装新酒的形式持续下去而且变本加厉，其结果就是罪恶感的不断增强。如果说文明遵守着一个内在的爱欲冲动（Antrieb），这个冲动想要让人们团结成一个关系紧密的群体，那么它只有经由罪恶感的不断增强才能达成这个目标。在父亲那里起了个头的事，会在群体那里完成。如果说文明是从家庭到整体人类的必然演变过程，那么，作为源自矛盾心理的天生冲突，以及爱的渴望和死亡的渴望之间的永恒争吵的结果，罪恶感不可避免也会跟着它产生冲突而让人觉得难以承受。这使我们想起了一位伟大的诗人对于"苍天的威力"震撼人心的怨诉：

> 你们引导我们走入人间，
>
> 你们让可怜的人罪孽深造，
>
> 随即把他交给痛苦煎熬；
>
> 因为一切罪孽都在现世轮报。❶

想到有些人就是有办法从自身感受的漩涡里汲取出最深刻的洞见，而我们却必须在痛苦的不确定性以及无尽的摸索当中找寻我们的道路，我们或许会为此而喟然叹息吧。

---

❶ 见歌德著作《维廉·麦斯特的学习时代》（*Wilhelm Meisters Lehrjahre*）中的《竖琴师之歌》（*Lieder des Harfners*）。译文出自《维廉·麦斯特的学习时代》第121页，冯至、姚可昆译，人民文学出版社，1999年版。——译者注

第 八 章

　　走到这条道路的尽头，作者必须请求读者的谅解，他一直不是个聪明敏捷的导游，让他们走了一大段无聊的道路以及费力的冤枉路。无疑应该有更好的方式。以下我会试着提出一些补述。

　　首先，我猜想读者会有个印象，觉得关于罪恶感的探讨超出了这篇论文的范围，因为它占了太大的篇幅而排挤了其他和它密切相关的内容。那固然打乱了我的论文结构，却也完全呼应了我的意图，我想要把罪恶感视为文明演进最重要的问题，并且证明因为罪恶感的升高而导致快乐的被挫折正是文明进步的代价。❶如果对于这个命题，也就是我们探究的结论，人们会感到意外，那么或许要归因于罪恶感与我们的意识之间怪异而令人费解的关系。在我们觉得司空见惯的懊悔的情况里，意识清楚察觉到这个罪恶感；的确，我们会习惯说"罪恶意识"而不是"罪恶感"。我们关于精神官能症的研究在对正常情况的理解上提供了许多珍贵的指引，却也因而看到了许多自相矛盾的情况。在那些情感当中，尤其是强迫性精神官能症（Zwangsneurose）中，罪恶感会大呼小叫地强迫意识注意到它；它主宰着征候和病症，以及病患的生活，而且几乎不容许其他现象和它一起出现。可是在精神官能症的其他大多数个案和形式里，它则完全不被意识到，其作用也不会因此就无关紧要。如果我们对病患说他有

---

❶ "于是良心使我们大家都变成懦夫……"现在年轻人的教育不让他们知道性爱在生命里扮演什么样的角色，这不只是我们不得不指责它的唯一之处。它的另一个罪在于没有让他为了注定沦为其对象的攻击性做好准备，教育以如此荒谬的心理取向把他们抛到生活里，这就像是要人穿着夏季服装，拿着意大利湖泊的地图到北极探险一样。其中显然滥用了伦理的要求。如果教育说："我们应该成为那样的人，自己才会快乐，也可以使别人快乐，但是我们也要考虑到他们或许不是那样的人。"那么这些伦理要求再怎么严格都没关系。相反地，年轻人被要求相信其他人也会遵守伦理的规范，也就是做个有德行的人——那些要求就是以此为理由要年轻人也这么做的。

"无意识的罪恶感"，他应该不会相信我们；为了让他明白我们在说什么，我们会告诉他，有一种对于惩罚的无意识需求，那就是罪恶感的表现。不过我们也不可以夸大它和精神官能症的某个特殊形式的关系；在强迫性精神官能症里，有若干类型的病人不会知觉到他们的罪恶感，或者只是觉得那是一种恼人的抑郁（Unbehagen），一种焦虑，如果他们在某些行为的履践上遭到阻碍的话。我们总有一天会明白这些东西，只是目前还没有办法。或许我们现在可以这么说，罪恶感说穿了只是焦虑的一个局部变种，它到了后期会与对超我的恐惧完全一致。而焦虑和意识的种种关系也会展现出相同的特殊变种。所有病症背后多少都会潜藏着焦虑，可是有时候它会大呼小叫地占据整个意识，有时候则完全不见踪影，使得我们不得不谈到"无意识的焦虑"。而如果我们有心理学上的洁癖的话，既然焦虑起初只是一种感觉而已，那么我们也可以采用"焦虑的可能性"这类的说法。所以说，可想而知，就连文明创造出来的罪恶感，它本身也没有被人察觉，大部分都是无意识的，或者是表现为一种抑郁、一种不满，而我们必须为它找寻其他动机。宗教从来没有轻忽罪恶感在文明里扮演的角色。我在我的其他著作里有一点没有注意到❶，宗教声称可以拯救人们以摆脱这种罪恶感，它们把它叫作"罪"（Sünde）。正如在基督教里，因为一个人牺牲了生命，而成就了这个救赎，他承担了所有人的罪责（Schuld），我们由此可以推论出人是在什么情况下获致这个原始的罪责（Urschuld），而这个原罪也正是文明的起源。❷

如果我们要解释若干语词的意思，如超我、良心、罪恶感、惩罚的需求、懊悔，那也许不是那么重要的举动，但也不完全是没事找事，我们在使用这些语词时或许不是很严谨，但也往往会互换使用它们。它们都指涉同样的情况，只是指称它的不同面向。超我是我们推论出来的一个权威机构，而良心则是我们认为这个权威机构拥有的众多功能之一，它负责监视和评断自我的行为和意图，执行审查工作。所以说，罪恶感、超我的道貌岸然和良心的严厉都是同一回事，它们都是要让自我感觉到它就是这么被监视的，也都是在评量自我的种种渴望和超我的要求之间的冲突。对于批判性的权威机构的恐惧是整个关系的基础，它和对惩罚的需求都是自我的一种驱力表现。在超我施虐癖的影响之下，自我

---

❶ 见《一个幻觉的未来》。

❷ 见《图腾与禁忌》。

也变成受虐癖，也就是说，它一部分的内在毁灭驱力应用在和超我的爱欲关系上。直到证明了超我的存在，我们才有办法谈到良心这种东西。至于罪恶意识，我们必须承认它在超我之前就存在了，因而也先于良心存在。那是对外在权威的恐惧的直接表现，是对自我和那个权威的紧张关系的承认，它直接衍生自对权威的爱的需求和对驱力满足的欲望之间的冲突，而压抑那个欲望就会产生攻击的倾向。罪恶感的这两个层面——对外在权威和内在权威的恐惧——的叠加，阻碍了我们对于良心的若干认知。懊悔是自我对罪恶感这种情况的反应的总称，它包含了在暗地里起作用的焦虑有点变形的感觉质料，它自身就是一种惩罚，其中也包括了对惩罚的需求，而它的存在也不会早于良心。

我们不妨回头检视一下在我们的研究当中让我们时而感到困惑的那些矛盾。罪恶感有时候是被压抑的攻击性的结果，可是有时候，在它的历史开端，也就是弑父的情况下，它则是既遂的攻击行为的结果。而我们也为这些难题找到了解答。内在权威，或者说超我的建置，彻底改变了情况。在那之前，罪恶感和懊悔是一致的；这时候我们也注意到，"懊悔"这个语词应该用来指涉既遂的攻击行为。在此之后，由于超我的全知，攻击的意图和既遂的攻击行为的差别就失去了它的效力；现在真正的恶行——全世界都会知道它，也会和单纯的意图——只有精神分析才会发现——一样产生罪恶感。不管这个心理情境的差别为何，这两种原始驱力的矛盾心理的冲突都会产生相同的作用。可想而知，我们的研究会在这里找寻关于罪恶感和意识之间变化多端的关系谜团的答案。我们或许会以为，对恶行感到懊悔从而产生的罪恶感，应该都是有意识的；因为感知到恶意而产生的罪恶感，则是无意识的。可是情况并没有这么简单。强迫性精神官能症应该会强烈反对这个答案。

第二个矛盾是，我们原本以为属于超我的攻击性能量，有种观点认为它只是延续外在权威的惩罚性能量而持存在心理世界里；另一个观点则说它其实只是一个人自己还没有使用到的攻击性，而现在被拿来针对抑制他的权威。第一个观点看起来比较符合历史，而第二个观点则比较符合罪恶感的理论。我们只要更深入地思考一下，就可以完全化解这个表面上不兼容的矛盾；它们根本而共同的地方在于两者都是关于一个转移到内心里的攻击性。依据临床的观察，我们其实可以区分属于超我的攻击性的两个来源。在若干个案里，这两个源头的作用或许有强弱之别；可是一般而言，它们是分进合击的。

早先我建议暂时假设那个观点是成立的，而现在我想是认真思考它的时候了。最近的精神分析论文里有个理论甚嚣尘上，认为任何一种挫折，任何被阻碍的驱力满足，都导致了或可能导致罪恶感的加剧。[1]我相信这是个很好的理论简化，如果我们只是应用在攻击驱力上，就不会发现这个假设有什么矛盾。例如说，我们如何就动力和经济的考虑去解释为什么答案会是罪恶感的加剧，而不是一个没有被实现的爱欲要求？这似乎只有以拐弯抹角的方式才有可能，也就是假设爱欲满足的阻碍会唤起对阻碍满足的那个人的攻击倾向，而这个攻击性自身也必须再度被压抑。可是变形成罪恶感的，毕竟只是那个被压抑而转移到超我身上的攻击性。我相信，如果精神分析关于罪恶感的起源的探究可以限定在攻击驱力上的话，我们应该可以更简单而透明地表述许多历程。临床个案的调查对此不会有明确的答案，因为根据我们的假设，这两者几乎不会纯粹而单独地出现，反而是对于极端个案的评估可以指向我期待的道路。

我会倾向于把它应用在潜抑的历程，从而从这个个案的有限观点里获得第一个好处。就我们所知，精神官能症的病症，基本上都是我们没有实现的性爱愿望的替代性满足。在精神分析工作的进行过程中，我们出乎意料地认识到，也

---

[1] 参见琼斯、苏珊·艾萨克斯（Susan Isaacs）、克莱茵、莱克（Reik）和亚历山大的著作。

许每个精神官能症病患心里都藏着若干无意识的罪恶感，而反过来又把罪恶感当作一种惩罚，从而加强了病症。现在我似乎可以合理地提出以下的命题：如果一个驱力的渴望被抑制，那么它的原欲部分就会转换成病症。这个命题即便只能说是平均近似为真，还是值得我们思考一下。

或许有些读者会觉得在这篇论文里听了太多关于爱欲和死亡驱力之间的竞赛之类的说法。它原本是要用来指出人类所经历的文明历程，可是它又扯到了个人的发展，宣称揭露了整个有机生命的秘密。我想我们似乎不可避免地要探究一下这三个历程的相互关系。人类的文明历程和个人的发展一样都是生命的历程，都拥有生命的共同特性，有鉴于此，重提这个说法应该是合理的。另一方面，正因为如此，这个共同特性的证据若是没有特殊的条件限定，那就无助于我们做任何的判别。现在我们只能说，文明历程是生命历程的一种变体，那是在爱神交付的、被阿南刻（现实的定数）煽动的任务影响之下的一种变体，这个任务就是要个别的人在一个基于原欲而组成的共同体里团结在一起。然而，当我们检视人类文明的历程以及个人的发展或教育历程时，我们会毫不犹豫地断定说，两者就算不是同一个历程，在性质上还是相当类似，只是对象不同而已。文明历程当然在抽象层次上高于个体发展，因而没有那么看得见摸得着，而我们也不要在两者之间过度穿凿附会，可是就其目标的相似性而言——其一是使个人融入一个人类群体里，其二是创造一个由众多个体构成的群体——我们应该不会讶异其手段及其产生的现象的相似性。

有个特征是这两个历程的差异所在，由于它特别重要，我们一直搁置不谈也不是办法。在个人的发展历程中，快乐原则的主旨，也就是找寻快乐的满足，一直是其主要目标。不管是融入还是适应一个群体，似乎都是在实现这个快乐目标的道路上难以避免的条件。如果没有这些条件，情况也许会好一点。换言之：对我们而言，个体发展似乎是两种渴望相互干扰（Interferenz，叠加作用，相互混杂）的产物，其一是渴望得到快乐，我们习惯叫作"利己主义的"（Egoïstisch）；其二是渴望在共同体里和他人团结在一起，我们称之为"利他主义的"（Altruistisch）。这两个名字都没有很深入。在个人发展的历程中，重点主要是落在利己主义的渴望或是对快乐的渴望上面；而另一个渴望，也就是所谓"文明"的渴望，一般而言仅仅是一个抑制的角色。可是文明的历程则不同，在这里重要的是以人类个体建构起一个整体，固然也会有追寻幸福的目标，可是它被搁在后面。我们几乎会以为，如果可以不必理会个人的幸福，就更加有机会创造一个伟大的人类共同体。所以说，个人的发

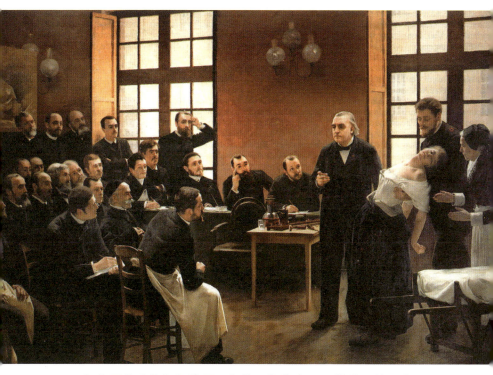

1887年的画作《萨尔佩特里厄尔的一场临床课》描绘了神经学家、解剖学家让-马丁·沙可讲课的场景，弗洛伊德在他的工作室里放了这幅画的复制品

展历程或许有其特别的性质，然而那是在人类的文明历程里再也找不到的；只有当第一个历程以和共同体接轨为其目标，它才有必要和第二个历程一致。

正如一颗行星既会围绕着它的恒星公转也会自转，个人既会参与人类的演化历程，也要走上他自己的人生道路。可是对我们渺渺忽忽的眼睛而言，天体的种种作用力仿佛凝固在一种永恒的秩序里；在生命事件方面，我们看到种种力量的相互搏斗，其冲突的结果也不断在改变。同样地，在每个人心里，这两种渴望——对于个人幸福的渴望以及对于人际关系的渴望，都在相互竞赛；同样地，个人发展和文明演进这两个历程，也会相互对立并且争抢地盘。可是个人和社会的对抗并不是爱欲驱力和死亡驱力这两个原始驱力看似水火不容的对立的衍生物，它其实意味着原欲在挹彼注兹时产生的纠纷，相当于在自我和客体之间的原欲分配的争夺，它准许在个人那里获致暂时的调停，而且可望在未来的文明里也是如此，尽管它让现在的个人生活苦不堪言。

文明历程和个人发展道路的相似有个相当重要的延伸类比。我们可以主张说，共同体也会形成一个超我，文明的演进就在其影响底下进行着。对于熟谙人类文明的人们而言，充类至尽地探究这个模拟会是个诱人的课题。而我则只想指出几个显著的特点。一个文明时期的超我和个人的超我有个类似的源头，它是奠基于伟大领袖——雄才大略的人，或者强烈、单纯而极为片面地表现出人性渴望的人——的人格在人们心里烙下的印象。这个模拟还可以延伸到许多情况里，在他们的一生里，他们往往遭到他人的讥笑、歧视或是弃若敝屣，正如先祖直到惨死很久以后才变成神。就这种命运的关联性而言，人子耶稣基督是最感人肺腑的例了，如果那不是用来唤醒人们对于远古事件的模糊记忆的神话故事的话。另一个共同点则在于，文明的超我和个人的超我一样，都会提出许多严厉的理想要求，假使不遵守，就会遭到"良心的恐惧"（Gewissensangst）的惩罚。的确，我们在这里看到一个奇怪的情况，那就是相关的心理历程在群体当中比在个人那里更为人熟知。在个人那里，超我的攻击在冲突的情况下会以训斥的方式吵嚷不休，而它真正的要求是什么，反而没有被意识到。我们如果意识到它们的话，就会发现它们和任何文明的超我的规范没什么两样。在这点上，这两个历程（群体的文明演进历程和个人的发展历程），一般而言都是粘在一起的。因此，相较于超我在个体那里的行动，我们从超我在文明共同体里的行为会更容易看到它的若干表现和性质。

　　文明的超我形成了它的理想，提出了它的要求。在这些要求当中，有些是关于人际关系的，它们就构成了伦理。每个时代的人们都很重视这个伦理，仿佛指望它会有什么特别重要的功效。而它事实上确实在处理每个文明显而易见的痛处。于是，伦理可以被视为一种治疗的尝试，致力于以超我的诫命成就其他文明工作至今都做不到的事。我们都知道，它想探讨的是要怎样排除文明最大的障碍，也就是人类天生的相互攻击倾向，而这或许也是超我的最新的文明要求——就是爱邻如己的诫命——特别引人入胜之处。在精神官能症的研究和治疗当中，我们会对个人的超我提出两个谴责。它提出种种严厉的诫命和禁令，却不在乎自我是否快乐，因为它不怎么考虑在遵守它们的时候会遭遇到的阻抗、本我的驱力强度，以及现实的外在环境的困难。基于治疗的目的，我们往往被迫要和超我拉扯，想尽办法降低它的要求。我们也可以对文明超我的伦理要求提出同样的抗议。它也不是很在乎人类心理构造的事实，它宣布一条诫命，却不问人们是否能够遵守。相反地，它假设人的自我在心理上做得到任何对他提出的要求，假设自我对于它的本我拥有无限权力。这是个错误，而且就算是正常人，他对于本我的控制也有个限度。如果要求太过分，就会使个人心里产生反抗，或是导致精神官能症，或是使他不快乐。"爱邻如己"这条诫命是对于人的攻击性最坚强的防御，也是文明的超我和心理无关的行为的绝佳例证。这个诫命完全行不通；爱的大规模的通货膨胀，只会导致它的贬值，而没办法走出任何困境。文明对此完全不在意，它只是告诫我们，规定越是难以遵守，它的回报就越丰厚。可是在现在的文明里，相对于荡检逾闲的人，但凡人遵守这样的规范，只会是吃亏的那一方。如果说因为防御攻击性而造成的不幸和攻击性本身一样大的话，那么攻击性对文明的障碍何其之大！在这里，所谓的"自然"伦理学，除让自己有觉得优于他人的那种自恋式的满足以外，一点用处也没有。在这点上，以宗教为基础的伦理学就导入了更幸福的来生的应许。但是如果德行没有办法在此生得到赏报的话，我想伦理学也只是在空口说白话而已。而且我也确信，相较于任何伦理的诫命，人类和财富的关系的真正改变会是更好的补救之道；可是这个看法由于后来对人性的理想主义式的误解而蒙上了灰，因而被认为滞碍难行。

　　我认为在文明演进的现象里探索超我所扮演的角色的这个思考路径，应该还会有其他更多发现。我太急着搁笔了。可毕竟有个问题是我难以回避的。如果说文明的演进和个人的发展在这么多方面都相当类似，而且也采用了相同的手段，那么我们在诊断时难道不可以合理地说，有些文明或者文明时期，或者整个人类，在种种文明渴望的影响下，会变成了"精神官能症"？而对于这种精神官能症的分析解剖可以得出相当实用的治疗上的建议。我不会说这种从精神分析转移到文明共同体的尝试是无稽之谈，或者注定是徒劳无功的。可是我们要相当谨慎，而且不要忘了这只是个模拟，不管是人还是概念，把他们抽离出他们在其中产生或演变的领域，是很危险的事。其次，对于共同体的精神官能症的诊断也遭遇了一个很特殊的难题。在个人的精神官能症方面，我们会以病患和他的所谓"正常"环境的对照作为起点。可是对于一群罹患相同病症（病变）的人们而言，并不存在着这种对照的背景，我们只能在别的地方寻觅。至于这个看法在治疗上的应用，如果没有任何人拥有要求群众接受治疗的权威，那么就算对社会的精神官能症的分析再怎么鞭辟入里，又有什么用呢？不过尽管有层层阻碍，我们还是期待有一天有人勇于从事这种文明共同体的病理研究。

　　基于各种不同的理由，我并不想评论人类文明的价值。我尽量避免那种狂热的成见，以为我们的文明是我们可能拥有或赢得的文明当中最珍贵的，而它的道路也必然指向一个难以想象的完美巅峰。我至少可以心平气和地倾听批评者的说法，他们认为如果我们观察一下文明渴望的目标以及它所采用的手段，我们一定会推论说，文明的整个努力都是白费工夫，其结果只会是一个让个人难以忍受的境况。由于我对这类的事所知不多，所以我更容易不偏不倚。只有一件事是确定的，人的价值判断必然被他的快乐愿望左右，也就是说他企图以种种理由支持自己的幻想。可以理解有人会指出人类文明必不可免的性质，也会说以天择为代价而限制性爱或者实现人性理想的这些倾向，是没办法阻止或逃避的演化设定，而我们最好也视之为大自然的必然性而向它低头。我也知道有人会反驳说，这些渴望尽管是难以克服的，可是在人类历史里却也屡屡被弃置而取代。所以我不敢在同侪面前摆出一副先知的模样，而我也接受他们的指摘，说我不知道怎么安慰他们，因为到头来，他们要的只是像最听话的信徒和最疯狂的革命者一样有激情。

对我而言，人类命运的问题，似乎就是他们的文明演进是否可以控制住人类的攻击驱力和自我毁灭的驱力，不让它们伤害到共同生活。在这方面，现在这个时代或许特别值得我们关注。人们现在支配着大自然的力量，可以凭借着这种力量轻而易举地相互毁灭。他们对此心知肚明，他们现在的不安、他们的不快乐、他们的恐惧情绪，有一部分就来自于此。可想而知的是，"苍天的威力"其中之一，即永恒的爱神，会想尽办法在和他同样不朽的对手的竞赛当中胜出。可是谁能预见到底哪一方会获胜，结局是怎么样呢？ [1]

---

[1] 最后的这句话是在1931年增补的。——译者注

附录：

为什么会有战争？
——弗洛伊德与爱因斯坦的通信

Warum Krieg?
Ein Briefwechsel Albert
Einstein-Sigmund Freud

前　言

　　1931年，国联国际知识分子合作机构（League of Nations International Institute of Intellectual Cooperation）计划邀请当时著名的知识分子以书信谈论"符合国联以及学术圈兴趣的任何主题"，并且定期出版这些书信。他们第一个就找上爱因斯坦，而爱因斯坦则推荐了弗洛伊德。于是秘书处于1932年6月致信弗洛伊德询问其意愿，他当下就同意了。爱因斯坦选择的问题是：有任何方法可以让人类免于战争威胁吗？他写信给弗洛伊德，而弗洛伊德也致信回答他的问题。他们的书信于1933年3月在法国巴黎公开发表，同时有德文原文以及英文译本。这封信后来在德国被禁止出版。

爱因斯坦致弗洛伊德

1932年7月13日于波茨坦（Potsdam）卡普特（Caputh）

亲爱的弗洛伊德先生：

国联及其位于巴黎的国际知识分子合作机构，提议我可以任意选择邀请一个人，就我选择的任何问题坦率地交换意见，我很开心有这个千载难逢的机会和您一起讨论一个问题，我认为就当下的局势而言，它似乎也是文明最重要的问题：是否有任何方法可以使人类免于战争的灾难？大家都知道，随着现代科技的进步，这个问题已经变成了文明人攸关生死的问题，然而，尽管人们苦心思虑其答案，到头来还是惨遭滑铁卢。我相信，基于职责或是实践上必须探究这个问题的人，都很清楚这种无力感，也很想知道沉浸在科学工作而不问世事的人，对于这个问题有什么看法。就我而言，我习惯的思考对象没办法让我深入观察人的意志和感情，在我们尝试的意见交换里，我所能做的，就只是厘清问题，并且提示各种明显的答案的理由，让您有机会用您对于人类驱力世界鞭辟入里的知识观点去阐明这个问题。我们知道有某些心理学的障碍，使得外行人对于心理科学只是一知半解，对于其相互关系以及变化更是不得其门而入，我大胆揣测您应该可以提示若干和政治无关的教学方法，以排除这些障碍。

　　我是个没有那种民族主义情感的人，在我看来，这个问题的外在的，也就是机构性的层面似乎很简单：所有国家共同设置一个立法和司法机关，以平息在它们之间产生的所有冲突。它们有义务遵守由立法机关制定的法律，并且就所有争端向法院提出诉讼，无条件同意法院的裁定，并且执行法院认为对于履行其裁定有必要的种种措施。在这里我就遇到了第一个困难：法院是人类设置的机关，它的权力越是不足以据以执行其裁定，它就越加倾向于以法律之外的影响力去执行其裁定。这是我们必须考虑到的事实：权利和权力❶是不可分的，一个司法机关的判决会更加接近一个共同体的正义理想，以法律的名义和旨趣做出判决，如果这个共同体

---

❶ 权利（Recht）在下文同时有"权利"和"法律"两个意思。权力（Macht）在下文也有"权力"和"力量"两种意思。——译者注

可以筹集到更多的权力工具，让人不得不尊重它的正义理想的话。可是眼下我们根本没有一个超国家的机构，可以授予其法院不可抗辩的权威，并且要求人们绝对服从它的裁定并执行。于是我被迫得出第一个论断：国际安全的道路取决于各个国家是否无条件放弃其部分的行动自由，也就是主权，而且不可否认的是，并没有其他道路可以获致这样的国际安全。

我们看到过去几十年来人们尽心尽力实现这个目标，到头来却是一无所获，让人明显感觉到有某些强大的心理力量在阻碍人们的苦心探索。有些力量显而易见。各个国家的统治阶层的权力欲望会使他们抗拒对其主权的限制。而在另一个领域里对于物质和经济方面的权力欲望，则往往会滋养助长这种"政治上的权力欲"。我在这里想到的，主要是每个国家里的一小撮人，他们一意孤行，没有任何社会性的考虑或顾虑，他们的战争、武器生产和交易，只是在谋取个人利益，扩张个人的权力范围而已。

这个简单的论断却只是对整个来龙去脉的初步认识。我们立刻要问：这些所谓的少数人怎么有办法操控国家里的群众以满足其欲望，而不会因为一场战争受苦或遭到损失？（当我说到国家里的群众，我并没有排除应召上战场的各级军官士兵，我相信他们都以其至诚报效国家，而有时候攻击是最好的防御。）在这里，我们想到的第一个答案是：每个国家少数的统治阶层特别会掌控学校、媒体，大部分也会操纵宗教团体。他们通过这些手段支配和引导大多数群众的情感，把他们当作没有意志的工具。

可是这个答案也无法涵盖整个情况，因为我们会问：群众怎么会被上述的手段煽动而群情激愤甚至自我牺牲？答案只会是：人心里存在着仇恨和毁灭的需求。这个天性在平常的时候会潜伏着，只有在异常状态下才会显现；可是它也很容易被唤醒，而升高为集体思觉失调（Massenpsychose）。这里似乎潜藏着整个错综复杂的灾难性因素。关于这点，只有关于人类驱力的专家才有办法阐明吧。

于是我们来到最后一个问题：有没有可能引导人类的心理发展，使得人们对于这种仇恨和毁灭的思觉失调症产生抵抗力。我绝对不只是指所谓没有文化的群众。根据我的人生经验，最容易被灾难性的集体暗示（Massensuggestion）操纵的，反而是所谓的"知识界"（Intelligenz），因为他们不习惯直接从经验里去认识那种东西，而是通过印刷的纸张来方便而完整地理解它。

最后我还要提到一点：我到现在为止所谈的，只是国家与国家之间的战争，也就是所谓的国际冲突。我知道人类的攻击性也会以其他形式、在其他条件下表现出来（例如内

London and Paris On the Day That War Was Declared

ON THE NIGHT OF AUG. 4, 1914, WHEN GREAT BRITAIN DECLARED WAR AGAINST GERMANY, IMMENSE CROWDS SURGED ABOUT BUCKINGHAM PALACE IN LONDON AND CHEERED THE ROYAL FAMILY ON THE BALCONY.
(© Underwood & Underwood.)

THE YOUNGEST CLASS OF FRENCH LADS, ONLY 17 YEARS OF AGE, CALLED TO THE COLORS AND GATHERED AT THE MONTPARNASSE STATION IN PARIS AT THE OUTBREAK OF WAR.
(© Press Illustrating Company.)

"一战"宣战当天伦敦和巴黎街头的民众

战，以前是出于宗教的因素，现在则是社会的因素，以及对于少数民族的迫害）。但是我知道我提出来的是最具代表性的、最残忍的、最无所不用其极的冲突形式，因为它或许也最容易用来说明战争的冲突可以如何避免。

我知道您在您的著作里直接或间接地回答了所有这些引人入胜而且迫在眉睫的问题。可是如果您可以专门用您新的研究成果阐述如何谋求世界和平的问题，那会大有裨益，因为种种成效卓著的行动方针都会以这个阐述为起点。

谨上。

阿尔伯特·爱因斯坦

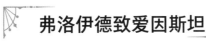

弗洛伊德致爱因斯坦

1932年9月于维也纳

亲爱的爱因斯坦先生：

听说您打算和我就某个您有兴趣，而其他人似乎也会有兴趣的主题交换想法，当下我就欣然同意。我满心期待您就现在知识可及的范围选择一个问题，我们两人，物理学家和心理学家，可以依据各自的进路，就不同的侧面找到共同的基础。接着，您的提问着实让我感到惊讶：人可以怎么做，以阻止人类战争的命运？我自觉——我本来要说是"我们"——驽钝而感到惶恐，因为我觉得这似乎是政治人物要回答的实务问题。可是我也明白您不是以自然科学家或物理学家的身份提出这个问题的，而是一个爱这个世界的人，以响应国联的呼吁，就像极地科学家弗里乔夫·南森

（Fridtjof Nansen）❶一样，他致力于救助因为世界大战而挨饿受冻、无家可归的难民。❷我也知道我没办法提出任何实务的建议，而只能就一个心理学家的观察谈论如何防止战争的问题。

可是关于这个问题，您在来信中大部分的针砭之语已经把我该说的话都说完了（den Wind aus den Segeln genommen），让我心悦诚服（ich fahre gern in Ihrem Kielwasser）❸，我也愿意尽我所知——或者是我的臆断——补充说明一下，以佐证您提出的看法。

您以权利和权力的关系为起点。它固然是我们的探究的正确开端，可是我可以用更生动而刺耳的"武力"（Gewalt）取代"权力"一词吗？对于现在的我们而言，权利和武力是对立的。其中一方显然是由另一方演变出来的，而我们也要探本穷源，检视它最早是怎么出现的，如此一来，问题就会迎刃而解。可是我要请您见谅，如果我在下文把贩夫走卒都知道的事情当作什么创见的话，也是行文

---

❶ 挪威科学家、探险家和外交家，1888年首度横越格陵兰，1922年获诺贝尔和平奖。——译者注

❷ 1921年，南森任职国联难民事务高级专员，处理国际难民安置问题，主张发护照给无国籍的难民。——译者注

❸ 以上是两个有双关语意思的成语。——译者注

1914 年，德国士兵在前往前线的途中；"一战"之初，各方都认为冲突不会持续太久

需要。

人与人之间的利益冲突主要都是以使用武力去解决的。整个动物界都是如此，人类也不例外；当然，人与人之间还有种种的意见冲突，甚至到了极为抽象的程度，而必须有另一种决疑的技术才行。可是这是后来才出现的并发症。起初只是由一小撮人，由肌肉力量比较强的人决定谁该听谁的，或者说要遂行谁的意志。肌肉力量越来越强，到头来更以武器的使用取代之；谁的武器更锋利，或者谁的操作技艺更好，他就会获胜。随着武器的引进，深谋远虑也取代了蛮力；战争的终极意图一直没变，那就是让对方遭到损害或是瘫痪其力量，而迫使他放弃其要求或对立。而如果永久排除敌人的力量，也就是置对方于死地，那就可以彻底成就其企图。它有两个好处，其一是敌人不会有反扑的机会，其二则是有以儆效尤的作用。除此之外，手刃敌人也会满足一种驱力的倾向，我在下文会提到它。可是有个考虑会阻止这个屠戮的意图，那就是如果敌人已经曳兵弃甲，就让他们免于一死而为其所用。于是武力就仅止于屈人之兵而不是寸草不留。于是就有了接受敌人弃械投降的惯例，可是战胜者既要考虑到被征服者是否怀有报复的意图，也要放弃他一部分的自身安全保障。

这就是原始状态，谁的力量强大，不管是蛮力还是以

智取胜的武力，谁就是主人。我们知道随着演化，这个统治
权也会不断改弦更张，而走向以权利（法律）取代武力的道
路，然而是哪一条道路呢？我认为道路只有一条，那就是只
要弱小者齐心齐力，也可以打倒力量更强大的独夫。"团结
就是力量"（L'union fait la force）。团结可以摧毁武力，
于是团结的人们可以提出他们的权利（法律），以对抗独夫
的武力。我们看到了权利（法律）就是一个共同体的权力。
然而它也可以是武力，用来对付每个和它作对的人，它会使
用同样的手段，追求同样的目的；差别只是在于，它不再是
一个独夫的武力贯彻，而是共同体的武力。但是如果要由武
力过渡到新的法律，就必须满足一个心理条件：人们的团结
必须是坚定而恒久的。如果只是为了对抗一个强权，而一旦
推翻了它就会解散，那么这样的团结就只是泥牛入海。下一
个自恃更强大的人还是会意图以武力攻城略地，这个游戏也
会不断重复而永无止境。共同体必须恒久持存，拥有完整的
组织，制定种种规范，以应对他们担心的叛变；它也必须设
置执法机关以守护其规范（法律），并且依法执行强制力。
当人们承认了一个利益共同体，一个团结起来的团体的成员
就会形成一种情感的凝聚，也就是对于共同体的情感，这就
是他们真正的力量基础。

　　我想我已经提到了所有本质性的因素：把权力授予一

个由成员的团结心凝聚起来的更大团体以对抗武力，所有其他的东西就只是执行和重复而已。只要共同体是由力量相当的个体组成的，情况就会很简单。这个联盟的法律会规定个人必须放弃若干程度的使用武力的个人自由，以保障团体的共同生活。可是这种静止状态只有在理论上才成立，现实情况其实要复杂得多，因为共同体一开始就包含了不均等的权力元素，男人和女人、大人和小孩，以及因为战争和征服而形成的战胜者和战败者，他们会变成主人和仆人的关系。共同体的权利其实是不平等的权力关系的表现，法律是由统治者制定的，也是为了他们而制定的，被统治者并没有太多的权利可言。法律的动乱以及法律的续造（Rechtsfortbildung）有两个因素，它们都源自此：其一是统治者企图摆脱对所有人一体适用的限制，也就是从法治回到以武力统治；其二是被压迫者不断努力要夺取更多的权利，并且得到法律的认可，他们正好相反，是要推动把不平等的法律变成人人平等的法律。当团体内部真正形成权力关系的转移，第二个潮流就会特别重要，正如我们在许多历史环节里看到的。接着法律可能会渐渐适应新的权力关系，或者更常见的是统治阶级不打算承认这个变化，于是就会出现起义、内战，有时候会推翻法律，试验另一种武力，建立另一种法律秩序。法律的改变还有另一个以和平形式表现的来

1916年凡尔登战役中法军士兵冲出战壕

1918 年，美军士兵在默兹-阿尔贡攻势中向德军堑壕阵地射击

源，那就是团体成员的文明转变，然而它的情况并不相同，我们会在下文谈到它。

所以说，我们看到，即便是在团体内部，以武力解决利益冲突也是不可避免的事。然而由共同生活在同一块土地上推论出来的种种必要性和共同利益，会倾向于尽快结束战争，所以这些条件下的和平解决方案的概率也会不断提高。然而，我们回顾人类历史，却只看到层出不穷的冲突，不管是两个团体之间，还是若干团体的合纵连横，或者是大小不对等的团体、城市、乡村、部落、民族、王国，它们都是以战争的试炼作为仲裁的。这样的战争的开端要不是其中一方的掠夺行为，就是完全的征服和侵占。关于侵略战争，我们不可以一概而论。诸如蒙古人和突厥所到之处片甲不留的战争，只会导致灾难而已；相反地，有些战争则会建立更大的团体，而促进由武力到法治的转型。在那个团体里，人们不再武力相向，而以新的法律秩序平息冲突。于是，罗马人征服地中海诸国，创造了珍贵的"罗马和平"（Pax-Romana）❶，法国国王们扩张版图的欲望也创造了一个和平统一而兴盛的法国。尽管听起来很吊诡，我们却必须承

---

❶ 指在500年的罗马帝国历史中，从公元30年起的200年太平盛世。——译者注

认，对于创造人们翘首以盼的"永久"和平而言，战争并不算是不当的手段，因为它有办法创造一个庞大的团体，在其中，强大的中央集权可以阻止更多的战争。可是它终究是不合适的，因为侵略的成果并不会持久；刚刚建立的团体会分崩离析，大部分是因为以武力合并的各个部分欠缺凝聚力。此外，即使征服的版图更大，也只会做到局部的整合，还是必须以武力解决其中各个部分的冲突。于是，所有这些战争行为只会使得人类以兵连祸结的小型战役换来罕见却更加毁灭性的大型战争。

就当代世界而言，我们的结论也不会有两样，而您在信里也是如此推论的，尽管抄了近道。若要真正避免战争，只有一个办法，那就是人类团结在一个中央集权底下，并且交付它去仲裁所有的利益冲突。在这里显然整合了两个主张，其一是要成立一个这样的上级机构，其二是授予它必要的权力。它们缺一不可。国联就是如此设计的机构，可是另一个条件却没有实现：国联并没有自己的权力，唯有成员国（个别的国家）同意把权力转让给国联，它才有权力可言。眼下看起来没有什么协商的可能。然而除非我们没有考虑到这是个史上罕见的大胆实验——这种规模或许是史无前例的——否则就没办法理解国联这种机构的存在意义。以拥有权力为基础的权威（也就是强制力），其实是诉诸某种理想性的态度。我们看到了，整合一个共同体的，有两个要素：武力的强制以及成员们的情感凝聚——掉个书袋来说，就是一种认同——若是欠缺任何一个环节，或许就会由另一个环节支撑着共同体。那样的理所当然只有在它符合成员们重要的共同利益的情况下才有意义可言。接着的问题则是：它有多么强大？历史告诉我们，它其实是有效的。例如说，泛希腊（Panhellenisch）的理想，也就是自认为比周遭的蛮族更优秀，强烈表现在近邻同盟（Anphiktyonien）❶、神谕和庆典竞赛上，它的力量足以减少希腊人之间兵戎相见的习惯，但是当然还不足以防止希腊民族各城邦之间的战端，更不用说阻止其中的城邦或是城邦同盟对波斯人攻城略地。基督宗教的共融情感（Gemeingefühl）尽管相当强大，却也不足以在文艺复兴时期阻止当时大大小小的基督教国家在相互争战当中寻求苏丹的奥援。就连我们现代也不会有人对这种团结一致的权威机构心存什么指望。现在盛行于各国的民族主义理想显然是反其道而行的。有人预言说，直到布尔什维克的（Bolschewistisch）思想方式席卷全球，才有办法结束战争，可是我们现在距离这种目标当然还很遥远，而且或许只有通过血流漂杵的内战才可望获致。以理想

---

❶ 指公元前7世纪由雅典等12个邻近国家组成的政治和宗教同盟，以神庙为中心，每年开会讨论盟邦之间以及外邦的问题。——译者注

上的权力取代现实的权力，现在看起来是失败的。如果我们无视以下的事实，也就是权利（法律）起源自野蛮的武力，而武力的支持至今仍是不可或缺的，那么我们就是失算了。

　　现在我可以对您的另一个说法加以评注了。您相当惊讶于人类这么容易被煽动而发起战争，您也猜想人类心中有什么东西在起作用，一种仇恨和毁灭的驱力，它们和穷兵黩武的行为不谋而合。我只能再度完全同意您的看法。我们都相信这种驱力的存在，也在过去几年里探究它的种种表现。我是否可以趁这个机会对您说明我们在精神分析里筚路蓝缕地开创的驱力理论？我们假设人只有两种驱力，其一是那种意欲保存或团结的驱力——我们称之为爱欲驱力，指的是柏拉图《会饮篇》里所说的那个爱神，或者是刻意延伸到一般性爱概念下的性欲；而另一种则是意欲毁灭或致死的驱力，我们把它概括为攻击的驱力和毁灭的驱力。您会看到，它其实是举世皆知的爱和恨的对立的理论变形，它或许也和在您的领域里扮演重要角色的引力和斥力的两极性有着根本的关系。现在且容我们不要就其臧否遽下论断。这两种驱力缺一不可，有了两者的合作和对抗，才会产生生命的现象。这两种驱力似乎很少是单独起作用的，而往往会结合——我们也可以说是融合——另一个驱力的一部分，它会修正其目的，而且在某个情况下，唯有如此才可以成就那个目的。例如说，自我保存的驱力当然具有爱欲的性质，但是如果它要遂行其意图，就要利用攻击的手段。意欲某个对象的爱的驱力，如果想要拥有它的话，也必须添加一点占有的驱力。困难在于，我们一直把这两种驱力的表现分开来看，因而无法真正认识它们。

如果您跟着我进一步推论的话，您会听到说，人类行为还可以看到另一种并发症。行为很少是来自单一的驱力冲动的结果，它必然是由爱欲和毁灭性组成的。在您的领域里有一位专家意识到这点，那就是利希滕贝格教授（Professor G. C. Lichtenberg, 1742—1799），他在我们人文荟萃的时代里于哥廷根教授物理学，可是身为心理学家的他的贡献或许比身为物理学家的他重要得多。他创造了"动机罗盘方位图"（Motivenrose），并且说："人的行为动因（Bewegungsgründe）❶可以区分成32个方位角，而它们的命名方式也很类似，例如'面包—面包—名誉'，或是'名誉—名誉—面包'。❷"如果说人们被要求发动战争，那么或许在他们心里有许多动机投了赞成票，不管是高贵的还是卑鄙的，有的可以大声讲出来，有的说不出口。我们没有必

---

❶ 我们现在写为"Beweggründe"。

❷ 罗盘方位命名方式如"北—北—东""西—南—西"。——译者注

要揭露他们的所有动机。攻击和毁灭的欲望当然是在下半部的，历史和日常生活里无数的暴行都证实了这些动机的存在及其力量。如果这些毁灭性的欲望掺杂了其他爱欲或理想性的欲望，当然会更容易得到满足。当我们听到历史里的种种暴行，有时候会觉得理想性的动机只是毁灭欲的借口而已，而有时候，例如宗教裁判所的残忍作为，则似乎既有理想性的动机在意识上推波助澜，也有毁灭性的动机在无意识里为其增援。两者都是有可能的。

　　我担心我辜负了您的本意，这毕竟是关于如何避免战争，而不是关于我们的理论。可是我想多花一点时间谈一下我们的毁灭驱力，它的知名度远远不及它的重要性。我们只要思索一下，应该都会认为每个生物里面都有这样的驱力，它会渴望摧毁生命，让生命回到无生命物质的状态。我们有理由很慎重地把它叫作死亡驱力，而以爱欲驱力代表对生命的渴望。死亡驱力只要借助特定的器官而表现出来，指向某些对象，它就会变成毁灭性的驱力。生物要摧毁外来的生物以保存它所谓自己的生命。可是会有一部分的死亡驱力残存在生物内部并且起作用，我们已经试图从毁灭性驱力的这种内化作用（Verinnerlichung）推论出许多正常的以及病态的现象。我们甚至把良知的产生解释成这种攻击性的内在化，因而成了异端邪说。如果这个历程扩大到不可收拾的程度，您应该会注意到那是让人忧心忡忡的事，它是个病态现象；而如果这些驱力转向外在世界的破坏，生物就会如释重负，其效果也会是有益的。有人会以这种生物学上的理由为我们努力对抗的丑恶而危险的欲望辩解。我们必须承认，相较于奋力抵抗它们，这些驱力更加接近本性，对此我们也必须找到一个解释。或许您会觉得我们的理论只是一种神话，而且一点也不讨喜。可是所有自然科学不也都源自这类的神话吗？您现在的物理学不也如此吗？

因此，就我们接下来的目的而言，我们要据此推论说，人的攻击倾向是不可能消除的。我们听说地球上有些幸福的地方，大自然源源不绝地提供人类一切所需，有些部落过着宁静的生活，不知有倾轧或侵略。我几乎不敢相信，而我也很乐于听到更多幸福人们的故事。俄国的布尔什维克党也希望，他们只要有办法保证物质需求的满足以及共同体成员之间的平等，就可以消弭人类的侵略行为。我认为这只是个幻觉。眼下他们充实军备，以针对所有外人的仇恨把他们的信徒团结在一起。此外，您自己也注意到了，重点不在于彻底消除人的攻击倾向；我们可以尝试转移它，使它不一定表现在战争上。

基于神话一般的驱力理论，我们很容易就推论出一个间接消弭战争的公式。如果说穷兵黩武是毁灭性驱力的一种宣泄的话，可想而知，我们就可以找到这个驱力的对手来对抗它，也就是爱欲。任何有助于产生人与人之间的情感凝聚的事物，应该都可以用来阻止战争。这些凝聚力有两种类型。其一是和爱的对象的关系，即使和性爱的目的无关。精神分析在这里不必羞于谈论爱，因为宗教也在说同样的东西：爱你邻人，如同自己。只是说起来容易，做起来却很难。另一种情感凝聚则是通过认同。任何可以创造人与人重要的共同利益的事物，都会唤起这些共融情感，或者说是认同。人类社会的建立有一大部分是以它们为基础的。

您在信中慨叹权威的滥用，我则是由此推论出关于如何间接地对抗战争倾向的第二个建议。人类有一种天生且无法消除的不平等，那就是他们会区分成领袖和臣民两种人。大部分的人属于第二种，他们需要一个权威为他们做种种决定，而他们也会无条件臣服大部分的决定。因此，以前的人会更加殚思竭虑地教育出独立思考的、不惧怕威胁的、致力追求真理的人，而领导那些依赖性的群众的责任就落到他们身上。政府公权力的侵犯以及教会的思想钳制并不利于这种人才的培养，这是不证自明的事。一个使驱力的世界臣服于理性之支配的人类共同体，当然会是理想的情况。没有任何事物比它更足以使人们全心全意地团结在一起，即使他们之间没有情感的凝聚。然而它充其量只是个乌托邦的希望。间接阻止战争的另一个方法固然更可行，可是它无法保证会有立竿见影的成效。这使人很不情愿地想到磨坊慢条斯理地碾磨，人们在还没有吃到他们的面粉之前就饿死了。

您也知道，要不谙世故的理论家就迫在眉睫的实务问题提出什么建议，成果是不会太丰硕的。以眼前可以使用的方法去因应个别的危险情况，那或许会好一点。不过我还是想探讨一个问题，您在信里虽然没有提及，可是我觉得特别有兴趣。那就是：我们为什么如此反对战争，您和我以及其他人，我们为什么不能容忍它，把它当作人生许多尴尬的困境之一就好了？毕竟，战争看起来是很自然的事，也有其生物学上的理由，在实践中几乎是不可避免的。请不要对我的问题感到震惊。若要探讨这类的问题，我们或许必须戴上一副事不关己的超然淡漠的面具。我们会有以下的答案，那是因为每个人都有生存的权利，因为战争会摧毁人们满怀希望的生活，使人陷于羞愧的境况，逼迫他夺取他人的性命，破坏人们辛苦建设起来的珍贵物质财富和成果，等等。况且，现在的战争形态再也无法实现旧时英雄主义的理想，随着毁灭性武器的无坚不摧，未来的战争不仅会彻底歼灭敌人，可能也会使双方同归于尽。这一切都是事实，看起来如此不容辩驳，如果不是所有人都要异口同声地谴责战争行为，那反而是一桩怪事吧。其中若干环节无疑有讨论的空间。一个共同体是否有权处分个人的生命，这的确是个问题。我们也不可以一概而论地谴责所有类型的战争；只要有无所不用其极地想要消灭对方的帝国和民族存在，那么对方就必须为了备战而秣马厉兵。可是我们要赶紧搁置这个话题，它并不是您要求我讨论的问题。我要接着谈另一个问题，我相信，我们对于战争如此义愤填膺的主要原因，是因为我们不得不这么反应。我们之所以是和平主义者，那是我们基于生物性的理由而必须如此。而我们也很容易就找到许多论证为我们的态度辩护。

这当然是不言而喻的事。我要说的是：自远古以来，人类经历了文化演变的整个历程[有人会偏好使用"文明"（Civilization）一词]。我们现在的所有成就都要归功于这个历程，而我们大部分的苦难也是拜它之赐。关于它的诱因和开端，我们所知有限，也猜不到结局会是怎么样，不过它的若干性质倒是显而易见。也许这个历程会导致人类的灭亡，因为它以不一而足的手段阻碍了性功能，现在未开化的种族以及落后的人口阶层，他们的繁衍速度就远胜于高度开化的种族。这个历程或许类似于若干动物物种的驯化；它无疑会造成身体上的若干变化，但是我们还不习惯这种想法而认为文明演变也是个生物性的历程。随着文明的历程而产生的心理变化则是显著而明确的。它们在于驱力目标的不断转移以及驱力冲动的处处受限。使我们的祖先乐在其中的种种感觉，现在的人们则是冷漠以对甚至无法忍受；如果说我们的道德和美感的理想要求也跟着改变的话，其实是有其生物性的理由的。在文明的种种心理性格当中，有两个性格似乎是最重要的：其一是知性的日渐强大，它开始统治着驱力世界；其二则是攻击倾向的内化，包括它后来的种种益处和危害。而战争昭然若揭地和文明历程加诸我们身上的心理态度背道而驰，因此我们对它感到愤慨，我们再也无法忍受它，这不只是在思想和感觉上的拒绝，对于我们这些和平主义者而言，更是在体质上不能容忍的事，是一种极度放大的特异质反应（Idiosynkrasie）。而且，战争在美感上不堪闻问的卑劣程度，也和它的残酷一样，让我们想要群起挞伐它，我们要等到什么时候，其他人才会跟着变成和平主义者？谁也说不准。可是如果说，这两个因素，也就是文明的态度以及对于未来战争会有什么下场的合理忧惧，会在可见的未来里阻止战争行为，这或许不是个乌托邦的希望。我们猜不出来会走向哪一条路或是哪一条冤枉路，但是我们可以对自己说，任何促进文明演变的事物，都会起来反对战争的。

请接受我衷心的问候，如果我的论述让您失望，也敬请见谅。

西格蒙德·弗洛伊德